# Rompiendo Cadenas

# ROMPIENDO CADENAS

## *Testimonios Que Cambian Vidas*

**María Eriksson**

# Rompiendo Cadenas
## Testimonios que cambian vidas

published by Master Press

© 2012 by María Eriksson
All rights reserved
Cover design by Kim Taylor (kimiweb.com)

Scripture quotations are from:
Reina-Valera 1960
Texto bíblico Copyright 1960
Sociedades Bíblicas en America Latina
Publicado por Holman Bible Publishers,
Nashville, TN 37234
Used by permission. All rights reserved

Printed in the United States

ALL RIGHTS RESERVED
No part of this publication may be reproduced, stored in a retrieval system, or transmitted, in any form or by any means—electronic, mechanical, photocopying, recording, or otherwise—without written permission

## Rompiendo Cadenas
Testimonios que cambian vidas
ISBN 978-0-9885057-0-4

---

For information:

MASTER PRESS
3405 ISLAND BAY WAY, KNOXVILLE, TN 37931

Mail to: publishing@ masterpressbooks.com

# Dedicatoria

Deseo dedicar este libro a mi hermano Francisco quien tuvo que sufrir para que yo viniera al conocimiento de la verdad. A mi mamá y a mi hermano Martín que a través de sus padecimientos y muerte tuvieron parte en mi conversión. A toda mi familia carnal y a mis hermanos en Cristo a quienes amo en verdad.

# Agradecimientos

Agradezco a Dios por el inmerecido regalo de la salvación. Le agradezco por guiarme paso a paso y darme la inspiración para terminar esta obra. También estoy agradecida con mi esposo, mis dos hijas y mis dos hijos por la paciencia que tuvieron conmigo mientras yo dedicaba tiempo escribiendo este libro.

# Contenido

**Dedicatoria** .................................................. v

**Agradecimientos** ........................................... vii

Introducción ................................................. 1

*Capítulo 1.* La vida nueva ................................. 3

*Capítulo 2.* Las pruebas nos acercan a Dios ............. 9

*Capítulo 3.* Mi gran decepción ......................... 17

*Capítulo 4.* El llanto desesperado ...................... 21

*Capítulo 5.* El plan de Dios para salvar a la humanidad ......... 33

*Capítulo 6.* Dios cura todas las enfermedades ................ 39

*Capítulo 7.* La persistencia con fe mueve a Dios .............. 45

*Capítulo 8.* Dios siempre responde a nuestras peticiones ......... 53

*Capítulo 9.* Dios sigue enviando Felipes a bautizar gente ......... 57

*Capítulo 10.* Los falsos maestros ........................ 63

*Capítulo 11.* Dios nos habla de varias maneras ............. 71

*Capítulo 12.* Dios abre y cierra puertas ................... 81

*Capítulo 13.* Revelaciones a través de sueños . . . . . . . . . . . . . . . . . . 85

*Capítulo 14.* Caminando con Dios . . . . . . . . . . . . . . . . . . . . . . . . 103

*Capítulo 15.* Nuestro mejor maestro . . . . . . . . . . . . . . . . . . . . . . . 109

*Capítulo 16.* La duda y los milagros . . . . . . . . . . . . . . . . . . . . . . . 113

*Capítulo 17.* Estamos atados al mundo . . . . . . . . . . . . . . . . . . . . . 119

*Capítulo 18.* La Religión y la salvación dos cosas opuestas . . . . . . . 125

*Capítulo 19.* De la oscuridad a la luz . . . . . . . . . . . . . . . . . . . . . . 131

*Capítulo 20.* El mandato universal . . . . . . . . . . . . . . . . . . . . . . . . 145

*Capítulo 21.* Los espíritus religiosos . . . . . . . . . . . . . . . . . . . . . . . 157

*Capítulo 22.* Los dones y los errores . . . . . . . . . . . . . . . . . . . . . . . 165

*Capítulo 23.* El egoísmo y sus consecuencias . . . . . . . . . . . . . . . . . 175

*Capítulo 24.* La oración y la fe . . . . . . . . . . . . . . . . . . . . . . . . . . . 179

Conclusión. . . . . . . . . . . . . . . . . . . . . . . . . . . . . . . . . . . . . . . . . . . 183

# Introducción

Estoy segura que a Usted al igual que a mí le parece extraño escuchar decir que estamos atados. Cuando escuchaba a mi moribunda madre decirme que le soltara la soga que es sinónimo de atadura no la entendía. Para poder entender lo que eso significa es necesario buscar la dirección de Dios. Esta fue una de las primeras lecciones que Dios me enseñó a partir del día en que lo busqué. El Espíritu Santo quiere que nosotros aprendamos a liberarnos y a liberar a otros. La Biblia dice que estamos atados al mundo a capricho del demonio pero tenemos un Salvador que ya venció al verdugo (2 Tim. 2:24-26). A través de las sagradas Escrituras podemos encontrar infinidad de testimonios acerca de la manera como Dios le habla a los seres humanos que él creo. Los milagros ocurren todos los días y en todas partes del planeta. Podría llenar volúmenes pero sólo me voy a enfocar en platicar mis experiencias personales así como los testimonios de personas conocidas y cercanas a mí.

Los cambios que experimentamos cuando recibimos a Cristo son notados inmediatamente por nuestra familia e incluso hasta por nuestras mascotas. Nuestro estilo de vida pasada ya no nos interesa como tampoco nos interesa pasar tiempo con las personas con las que anteriormente convivíamos. La palabra de Dios dice que nuestros testimonios romperían cadenas. Compartir los testimonios cuesta por que el enemigo no quiere que lo hagamos. Es tan difícil, que este es el segundo intento de terminar esta obra que empecé hace ya algún tiempo. El anterior fue impreso con todos los errores del borrador que le mande a la persona que los mando hacer. No se molestaron en revisarlo. Fueron desechados pero con la ayuda de Dios nuestro Padre celestial aquí esta de nuevo. Por más de dos años he estado peleando para poder compartirles estas experiencias espirituales rogando a Dios que les sirvan de bendición a muchos.

El caminar con Dios es maravilloso aunque tengamos constantes luchas porque él nos fortalece en todo momento. Las luchas son pruebas que nos acercan a Dios cada día más. Jesús es todo para mí y un día con la ayuda de los testimonios presentados Usted va a poder decir lo mismo. Los testimonios dan evidencia del poder de Dios que se manifiesta a través de diferentes maneras. Los milagros ocurren para dar testimonio de la grandeza y poder de Dios y aumentar la fe de las personas. Hay muchos ejemplos de cómo Jesús se presenta a sus hijos. En la Biblia leemos que cuando se reveló a la primera mujer en la tumba, le dijo: "Ve y diles lo que ha sucedido". A mí me dijo comparte lo que te he enseñado y yo le dije heme aquí Señor.

*Capítulo 1*

# La vida nueva

*Hubo un hombre enviado de Dios, el cual se llamaba Juan. Este vino por testimonio, para que diese testimonio de la luz, a fin de que todos creyesen por él. No era él la luz, sino para que diese testimonio de la luz. Aquella luz verdadera, que alumbra a todo hombre, venía a este mundo* (Juan 1:6-9)

Alguien me preguntó por que había cambiado tan radicalmente. Esta persona es un familiar judío que me conoce por más de veinte años y le pareció bastante extraño mi cambio. Mi respuesta fue clara al decirle que lo hice por que me vi encerrada en un oscuro túnel sin salida. Le narré con detalles las tragedias familiares que ocasionaron mi conversión y él me entendió por que conoce a mi familia. Pido a Dios que mis testimonios lo trasformen y venga al conocimiento de la verdad. El sufrimiento en el que me vi afectada era tan grande que cansada de buscar salidas alrededor de mí y no encontrarlas tuve que buscarlas desde arriba. Jesucristo dijo: *"Vengan a mí todos ustedes que están cansados y agobiados, y yo les daré descanso"* (Mateo 11:28).

*"porque no menospreció ni rechazó el dolor del afligido, ni de él escondió su rostro, sino que cuando clamó a él, lo escuchó"* (Salmo 22:24).

Clive Staples Lewis, escritor Británico dijo que: Dios susurra y habla a la conciencia a través del placer pero le grita mediante el dolor. El dolor es una especie de alarma para despertar a un mundo que duerme confiadamente sin mirar el peligro latente. En otras palabras Dios nos está diciendo que para crecer espiritualmente debemos sufrir. Dios dijo a través de sus sagradas Escrituras que nos alegremos en las pruebas por que él estará con nosotros y nos ayudará a pasarlas. Las pruebas son tiempos difíciles y obscuros que pasamos donde por un momento pensamos que Dios no nos ama, de otra manera no estaríamos pasando tales sufrimientos. En nuestra inmadurez espiritual no podemos entender que Dios permite estas pruebas para purificar nuestras almas y así acercarnos más a él. Para él somos como el oro. Ese metal precioso debe ser pasado por fuego para probar su pureza. El sufrimiento es una de las herramientas usada por Dios para hacernos crecer espiritualmente. A través del dolor que experimentamos mientras pasamos por el fuego nuestras almas son reparadas y nuestro espíritu es fortalecido. Jesús inmediatamente después de su bautismo fue llevado por el Espíritu Santo al desierto donde vivió en medio de las bestias del campo sin comer ni beber por cuarenta días. Dios le dio esa prueba para prepararlo para enfrentar a Satanás y salvar al mundo. Las sagradas Escrituras nos dicen que él no comió ni bebió nada todo el tiempo que estuvo en el desierto. Yo pienso que tampoco durmió al saberse rodeado de animales salvajes. A través de mi experiencia personal puedo decir que cuando uno ayuna y no come por días nos cuesta dormir. Dios lo sostuvo día a día para poder sobrevivir en esa gran prueba. Así como a Jesús Dios nos sostiene a nosotros y nos ayuda a pasar las pruebas si confiamos ciegamente en él. Si no confiamos tendremos que repetir la misma prueba por el tiempo que sea necesario. Quizás tendremos que dar vueltas por el desierto como los Israelitas por el resto de nuestra vida y nunca entrar al descanso que Dios tiene preparado para nosotros. No olvidemos que él prometió respondernos siempre que le busquemos.

*"El Señor lo sostendrá en el lecho del dolor; ablandará su cama en la enfermedad".* (Salmo 41:3)

Sí, efectivamente allá arriba encontré la salida a mis tribulaciones. En cuanto llamé a Dios, él vino en mi auxilio y me confortó con palabras de fe y esperanza. Sentí una paz en medio de la tormenta y pude resistir las pruebas que me acercaron a él. Desde entonces me di cuenta que sin Dios la vida no tiene sentido es más ni siquiera existe. Sin Jesús estamos muertos por la eternidad. El es el camino, la verdad y la vida, nadie viene al Padre si no es a través de él (Juan 14:6, 16)). El siempre está llamándonos como dice en su palabra: *" He aquí, yo estoy a la puerta y llamo; si alguno oye mi voz y abre la puerta, entraré a él, y cenaré con él, y él conmigo."* (Apocalipsis 3:20). La puerta de nuestro corazón no tiene una perilla ni cerradura con llave por lo cual sólo se puede abrir de adentro hacia fuera. Nadie puede entrar a menos que nosotros abramos y les cedamos el paso incluyendo a Dios mismo. El podría entrar pero no lo hace por que es un gran caballero y a nadie forza con su presencia. El mismo nos equipó con el libre albedrío cuando nos formó. El nos está buscando continuamente pero el pecado que cometemos a diario se convierte en una barrera que hace muy difícil que escuchemos su voz. El lo reveló a través de sus profetas: *He aquí que no se ha acortado la mano de Jehová para salvar, ni se ha agravado su oído para oír; pero vuestras iniquidades han hecho división entre vosotros y vuestro Dios, y vuestros pecados han hecho ocultar de vosotros su rostro para no oír* (Isaías 59:1 2). Cuando arrepentidos de todo corazón por nuestras faltas venimos al Padre celestial, él nos perdona. La barrera que existía entre él y nosotros se rompe y nuestra súplica sube hasta él. Dios nos escucha e inmediatamente nos manda su perdón que se siente como una lluvia fresca que nos lava de toda impureza. Los arroyos que se forman nos liberan de toda carga que nos tenía oprimidos y cansados. El nos manda su gracia y su perdón gratuitos por la fe que tuvimos en nuestro señor Jesucristo.

Jesús derrama de su Espíritu sobre nosotros para que nos cuide todo los días y nos ayude a comunicarnos con él. El Espíritu Santo es como una campanita que nos está advirtiendo lo incorrecto de nuestras acciones. Debemos mantenernos alerta orando y pidiendo perdón todos los días por nuestras faltas. A través de la oración continua podemos mantener los canales de comunicación despejados y así podemos escuchar la voz de Dios cuando nos advierte de los peligros. Si nos descuidamos caemos en las garras del maligno que siempre está tratando de desanimarnos y confundirnos. Nos pone ideas relativistas que van en contra de las leyes de Dios. Si no oramos y no hacemos las cosas que Dios recomienda en sus sagradas Escrituras poco a poco nos iremos alejando de Dios. Nuestras mentes comienzan a entorpecerse. Con el paso del tiempo nos acostumbramos a esa campanita que nos advierte del peligro y ya ni nos molesta su ruido La ignoramos por completo. Dios no quiere que nadie se pierda, él nos va seguir llamando de maneras que quizá nosotros ni remotamente nos imaginamos. El quiere que disfrutemos de nuestra vida nueva cercas de él. Dios nos ama tanto que quiere que estemos en continua comunicación y entrega total como dos enamorados que no desean separarse nunca.

## Palabras de vida

Al igual que la mayoría de la gente que conozco también creía que con ir a la iglesia todos los domingos tenía asegurada mi salvación.

Pensaba que con conservar algunas costumbres religiosas y no hacer los pecados mas obvios era suficiente para ser salva. Estaba tan confundida que no me había puesto a pensar que sin la muerte de Jesús el acceso a Dios estaba cerrado. Es muy común escuchar a la gente decir yo soy una buena persona. No hago daño a nadie y con eso me basta para ir al cielo. Me comparaba con otras personas conocidas que según yo eran peor. Creía que si yo no hacía lo mismo que ellas era una persona justa. En una de las visitas a los centros de convalecencia conocí a una persona la cual se interesó mucho en el evangelio de Jesucristo. Me pidió que volviera pronto para que le siguiera hablando de Dios. Volví dos días mas tarde para seguir compartiéndole el evangelio. Ella escuchó atentamente el testimonio de mi conversión. El tiempo trascurrió rápidamente y antes de irme le pregunté si a ella también le gustaría invitar a Jesús a vivir en su corazón. Me contestó que sí y juntas nos pusimos a orar. Mientras la guiaba en oración yo le pedía a Dios el perdón a las ofensas de esa persona. Ella dejó de orar y me miraba con enojo y no pedía perdón por nada. Al ver su reacción recordé lo que ella había mencionado el día en que la conocí. Me comentó que estaba molesta porque la gente decía que ella estaba enferma por castigo de Dios. También recordé que me había dicho que estaba enojada con Dios por que le había quitado la fuerza de sus piernas y ella quería correr maratones. Me dijo que no creía lo que la gente le decía porque ella era buena persona y nunca ofendía a Dios. Según ella no tenía necesidad de pedir perdón por nada. Yo le había explicado que Dios permitió esa enfermedad para detenerla un poco de su agitada vida y de esa manera poder hablar con ella.

Preocupada por la reacción de esa persona, paré de orar con ella y en silencio le pedí al Señor ayuda para continuar llevándole la verdad. Dios vino en mi auxilio inmediatamente y me recordó la oración del "Padre Nuestro". Le pregunté a la señora si se la sabía. Ella contestó irónicamente que sí y me la recito velozmente. Le recordé que Jesús les enseñó a sus discípulos a orar a través de esa oración. Orar significa hablar con Dios y rezar significa repetir lo que alguien dijo. Le expliqué la necesidad de entender y analizar lo que le decimos directamente al Padre que esta en los cielos. Empezamos juntas a recitarla pero poco a poco. Llegamos a la parte donde le pedimos perdón al Padre y le expresamos que también nosotros hemos perdonado ya a los que nos ofendieron. Allí la detuve y le hice la siguiente pregunta: ¿Ya ha Usted perdonado a toda la gente que la ha ofendido? Ella me miró fijamente, desconcertada por mí pregunta. Después de que lo pensó dijo que todavía no lo había hecho. Le pregunté que a quien le estaba mintiendo cuando decía en su oración que ella siempre perdona a sus deudores. Volvió a meditar en mi pregunta y luego respondió que a Dios Padre. Dijo que ya no lo iba a volver a hacer. Entonces le recordé que la Biblia dice que ningún mentiroso entrará en el reino de los cielos y que de acuerdo con su respuesta ella había mentido directamente a Dios. Después le hice las siguientes preguntas: ¿Ha usado el nombre de Dios en vano? ¿Ha mirado a otra persona con deseo? ¿Ha tomado algo que no era de Usted? A todas estas preguntas contestó afirmativamente. Después de esto le leí los Diez Mandamientos (Éxodo 20) donde dice que seremos castigados hasta la cuarta generación de los que desobedecemos cualquiera de los mandamientos. Cuando hubo escuchado esto se convenció de ser una pecadora. Quiso pedir perdón diciéndole a Dios que la limpiara de pies a cabeza y le perdonara todas sus ofensas. La palabra de Dios la traspasó hasta lo mas hondo de su ser y la orilló a buscar a perdón directamente de nuestro Padre que está en los cielos. Escrito esta: *Porque la palabra de Dios es viva y eficaz, y más cortante que toda espada de dos filos; y penetra hasta partir el alma y el espíritu, las coyunturas y los tuétanos, y discierne los pensamientos y las intenciones del corazón* (Hebreos 4:12)

*Capítulo 2*

# Las pruebas nos acercan a Dios

*"...si es necesario, tengáis que ser afligidos en diversas pruebas, para que sometida a prueba vuestra fe, mucha más preciosa que el oro, el cual aunque perecedero se prueba con fuego, sea hallada en alabanza, gloria y honra cuando sea manifestado Jesucristo...* (1º Pedro 1:6-7)

Dios en su deseo de salvarnos permite que vivamos momentos difíciles. A través de esos oscuros momentos nos ponemos a reflexionar y tratamos de acercarnos a él. ¿Como lo conociste? Esa pregunta me la han hecho varias veces y mi respuesta es esta: Creí conocerlo desde que era niña pero ahora me doy cuenta que no era verdad. Conocer a alguien significa tener una cercanía con esa persona. Estuve muy lejos de conocerlo aunque debo admitir que él jamás me dejó sola. Me lo presentaron en un hospital en Guadalajara junto a la cama de mi hermano. El yacía en coma causada por unos exámenes para detectarle una fístula cavernosa en el cerebro. Mi hermano era para mí como un hijo. Así lo quería yo. Cuando lo vi en su cama me dio una infinita tristeza y quería desesperadamente poder ayudarlo. Me paré junto a su cama y lo vi tan desvalido lleno de tubos por todos lados. Yo le limpiaba su cara cada vez que lo necesitaba, le mojaba su boca y su lengua para refrescársela. Ya llevaba dos días en ese estado cuando yo llegué al hospital. Pasé ese día cerca de él y por la noche tuve que abandonar el hospital por que solamente una persona podía quedarse con él. Mis hermanos creían que yo no ayudaría en nada pues se necesitaba un hombre que pudiera ayudar a moverlo en caso de ser necesario. Me fui para Michoacán a ver a mi mamá ya que no la había visto desde hacía dos años. Viajé desde Los Angeles, California para mirar a mi hermano porque supe que sería la última vez que lo vería vivo. También fui para encontrarme con mi Salvador, nuestro Señor Jesucristo pero eso yo no lo sabía.

Al siguiente día regresé a Guadalajara junto con mi mamá, papá y mi hermana. En el hospital tomábamos turnos para ver a mi hermano enfermo. Mientras mi madre visitaba a mi hermano una señora que estaba acompañando a su esposo enfermo en el mismo cuarto oró con ella. Ella vio que mi mamá sólo hacía oraciones repetidas que no le ayudaban a mi hermano por que nada se sentía y nada pasaba. La palabra de Dios dice: *Y al orar, no uséis repeticiones sin sentido, como los gentiles, porque ellos se imaginan que serán oídos por su palabrería* (Mat. 6: 7). La señora se ofreció a orar por mi hermano por que tenía fe que sus oraciones serían escuchadas. Cuando mi madre volvió a la sala de espera del hospital me platicó que una señora le había orado muy bonito a mi hermano. Una de mis hermanas objetó la acción porque la señora no era católica. Cuando mi hermana dijo eso me indignó porque a mí nada me importaba más que la recuperación de mi hermano. Yo le contesté que si la oración iba a beneficiar a mi hermano no me importaba quien la hiciera. Cuando mi turno llegó para estar con mi hermano en el cuarto, yo me paré cercas de él y le tomé su mano. También hice unas oraciones repetitivas puesto que era lo único que yo sabía hacer. Le rezaba el Padre Nuestro y el Salmo 23 por que me los sabía de memoria. Lloraba por que en el fondo de mi corazón deseaba que mis oraciones fueran escuchadas y un milagro ocurriera.

La misma señora seguía allí en el cuarto junto a su esposo quien sufría de esclerosis múltiple. El estaba recibiendo un tratamiento que le devolvería la fuerza a sus músculos temporalmente. Cuando ella me vio orando al igual que mi madre también se ofreció a orar conmigo. Yo encantada acepté y juntas comenzamos a orar. Se sentía una paz poder hablar directamente con Dios, expresarle directamente nuestros deseos. Desde ese momento empecé a tener fe. Mi mamá se tenía que regresar a Michoacán esa tarde. Antes de irse ella notó que mi hermano estaba abriendo un poco sus ojos y que parecía que tenía una pequeña mejoría. Esa tarde oramos más la señora y yo después de que mis padres y mi hermana se fueron. Mi papá pidió a un sacerdote católico que visitaba a los enfermos del hospital que le administrara los santos oleos a mi hermano porque creía que se moriría pronto.Los santos oleos son un ritual donde al enfermo se le unge aceite en la frente mientras se le hace una oración. El apóstol Santiago dijo: *"¿Está alguno enfermo entre vosotros? Llame a los ancianos de la iglesia, y oren por él, ungiéndole con aceite en el nombre del Señor. Y la oración de fe salvará al enfermo, y el Señor lo levantará; y si hubiere cometido pecados, le serán perdonado."*(Santiago 5:14*)*. Por ancianos de la iglesia se refiere a las personas que esta mas involucrada en las cosas de Dios. Si la persona aplicando los santos oleos no tiene una verdadera relación con Dios entonces lo que hace tampoco tiene validez. La Biblia dice que donde dos o más se reúnen en su nombre lo que ellos pidan les será concedido y con esta promesa en mente unimos nuestras oraciones por la pronta recuperación de mi hermano. La enfermedad de mi hermano me acercó a Dios.

## El primer milagro

Después de que mis padres se fueron yo me quedé más triste todavía. Estuve mucho tiempo parada junto a mi hermano orando con fervor y creyendo que sólo un milagro podría levantarlo de esa cama. A las 10:00 p.m. me dijeron que me tenía que salir por que sólo una persona podía quedarse con mi hermano. Dijeron que era mejor que fuera un hombre por que mi hermano era pesado en caso de necesitar ayuda para moverlo. Antes de irme al hotel le pedí otra vez a la señora que si podía hacer otra oración más por mi hermano. Cuando su esposo me escuchó decir eso, él se ofreció a orar diciéndome que su esposa oraba muy bonito pero que él creía poder hacerlo mejor. Yo feliz le pedí que por favor orara. El con mucho esfuerzo se levantó de su cama, con la ayuda de nosotros y un aparato ortopédico para sostenerse en pie. Los tres nos colocamos alrededor de la cama de mi hermano. Nos tomamos de las manos mientras el señor oraba con mucho fervor. Para mi era hermoso escuchar a la gente hablándole a Dios directamente del corazón sin vanas repeticiones. Cuando estábamos orando con los ojos cerrados sentí como si una luz hubiera iluminado la habitación y a mi hermano. Sentí una sensación de alivio y un gozo que era difícil esconder. Me fui caminando con mi hermano mayor al hotel donde nos hospedábamos. Mientas caminábamos yo iba contenta diciéndole a mi hermano que sabía que esa noche ocurriría un milagro. Mi hermano hasta se molestó de ver mi euforia y me dijo que no le gustaba que le hablasen tanto de Dios. Tuve que callar mi gozo y una vez en mi cuarto le di gracias a Dios por darme la esperanza que ahora tenía. Me dormí un poco tarde por todas las emociones del día. Más o menos a las cinco de la mañana nos avisaron que mi hermano había salido del coma y hablaba como si nada le hubiera ocurrido. Esa fue la mejor noticia que había escuchado en mi vida. Le recordé a mi hermano mayor que eso se debía a las oraciones que habíamos hecho con aquellas amables personas.

Me fui rápidamente al hospital para verificar la noticia y efectivamente eso era verdad. Después me enteré que mi hermano se había despertado y quitado los tubos de la boca y nariz como diez minutos después de que yo me fui. Inmediatamente después de que le oramos con fervor ocurrió un milagro visible para los pacientes en el cuarto del hospital y para los doctores y enfermeras. A partir de ese momento mi fe creció enormemente. Yo sólo quería estar cerca de mi hermano por que no podía creer lo que mis ojos veían. Les pedía en el hospital que lo alimentaran. A escondidas le daba líquidos porque en el hospital estaban tomando muchas precauciones. No le querían dar de comer todavía. Los doctores y enfermeras hablaban del milagro ocurrido. Mi hermano despertó con mucha hambre y sed. El siempre era bueno para comer. Yo recuerdo que a partir de ese momento quería gritar a los cuatro vientos que Jesucristo existe, está vivo y que hace milagros increíbles. Me sentía como un niño con juguete nuevo. Me fui de cuarto en cuarto visitando enfermos y hablándoles de lo ocurrido a mí hermano. Quería que ellos también tuvieran fe durante sus aflicciones y recibieran los beneficios que ella nos trae. Yo se que varias personas creyeron.

Al día siguiente mi hermano tenía que permanecer acostado por órdenes de los doctores pero parecía feliz. Platicaba y reía pero no me reconocía por que hacía unos años que no me veía y no esperaba verme allí. Me decía yo a usted señora no la conozco pero le tengo mucha fe. Yo pensé entre mi que él quizás escuchaba mis oraciones mientras estaba en coma. Tres días después de que se despertó del coma yo me regresé a mi casa en Los Angeles. El se fue para Michoacán confiado en que ya se había aliviado. El señor que le había orado a mi hermano fue dado de alta del hospital un día después del milagro. Antes de irse me dio un librito que enseñaba como orar. Decía que dijéramos con mucha fe que mi hermano había sido sanado por las llagas de nuestro señor Jesucristo. Yo antes de dejar a mi hermano le dije que decretara esa promesa con fe. Le llamaba a mi hermano casi todos los días y le preguntaba si seguía diciendo la frase que le daba el honor y la gloria a nuestro señor Jesucristo por su recuperación. El me decía que así lo hacía todos los días. Ahora que conozco más de la Palabra de Dios sé el verdadero significado de este verso bíblico: *Él fue traspasado por nuestras rebeldías y triturado por nuestras iniquidades. El castigo que nos da la paz recayó sobre él y por sus heridas fuimos sanados.* (Isaías.53:5). Esa frase se debe poner en nuestro corazón y pronunciarse con nuestros labios para sanación del cuerpo y del espíritu. Habla del máximo sacrificio de Jesús en la cruz del calvario para que nosotros tuviéramos vida eterna. El Señor le sanó el espíritu a mi hermano por que murió en paz.

## Paz durante la prueba

*Estas cosas os he hablado para que en mí tengáis paz. En el mundo tendréis aflicción, pero confiad, yo he vencido al mundo* (Juan 16:33)

Yo me regresé a mi casa tres días después de haber visto a mi hermano recuperado. Estaba segura que él iba a estar bien pero mi Padre celestial tenía otros planes. Se lo llevó dos meses después del milagro ocurrido. Fui a verlo en su lecho de muerte. Al acercarme al féretro para ver su rostro, claramente sentí que alguien me tocó el hombro. Mientras lo miraba una voz me susurró al oído que no llorara por que él estaba en un mejor lugar. Cuando lo vi parecía sonreír. Una paz inexplicable me confortó allí en ese momento. En lugar de llorar le pedí perdón por aferrarme a que no se fuera. Sentí remordimientos por que yo oraba a mi Dios que lo sanara sin importarme su voluntad ni la de mi hermano. Tiempo después el Señor me mostró a través de un sueño Como mi hermano se levantó de su féretro cuando yo me le acerqué para ver su cuerpo inerte. La Biblia habla de la promesa de salvación hecha por Dios a sus discípulos. *"Porque la promesa es para ustedes y para sus hijos y para todos los que están lejos, para tantos como el Señor nuestro Dios llame"* (Hechos 2:39). Yo lo creo por que la palabra de Dios es verdadera. Mi hermano tenía una vida triste pues estaba lejos de su esposa y de sus hijos por errores cometidos en el pasado. Mi madre oraba para que él nunca se volviera a juntar con otra mujer puesto que él era casado. El era joven, bien parecido y era para él muy difícil vivir solo. Mi mamá sólo deseaba la salvación para su hijo y nuestro Padre celestial no nos dará lo contrario porque somos sus hijos. *"Pues si vosotros, siendo malos, sabéis dar buenas dádivas a vuestros hijos, ¿cuánto más vuestro Padre que está en los cielos dará buenas cosas a los que le pidan?"* (Mateo 7:11). Era el momento de Dios para llevárselo asegurándole la salvación.

El pan que Dios nuestro Padre nos da sacia el hambre por toda la eternidad. Nosotros debemos tener mucho cuidado en lo que pedimos a nuestro Padre eterno. Digo esto porque para un hombre joven que ya ha tenido mujer es casi imposible no volver a estar con otra. Nuestro padre celestial sí nos escucha. El siempre decide lo mejor para nosotros aunque a veces nos cueste creerlo y sobre todo aceptarlo. El Señor a mi hermano le dio tiempo para arrepentirse de sus pecados y también le dio fe en Jesucristo. En las sagradas Escrituras podemos ver que eso es todo lo que necesitamos para ser salvos. *"que si confiesas con tu boca que Jesús es el Señor, y crees en tu* *corazón que Dios lo \*levantó de entre los muertos, serás salvo"* (Romanos 10:9). Mi hermano proclamaba todos los días "por las llagas de mi Señor Jesucristo he sido sanado" la oración que yo le había dicho que hiciera. El me creyó por que así me lo hizo saber cuando me dijo que me tenía mucha fe. La fe de mi hermano no era en mí sino en Dios nuestro Señor. El creía que el milagro había ocurrido por mi fe y no la de él. En otras palabras él estaba seguro que Dios me concedería lo que yo le pidiera. El sabía que mi mayor deseo en ese momento era que él recuperara la salud. Para Dios la salud del cuerpo no es tan importante como la salud del espíritu y a esa es a la que se refiere en el libro del profeta Isaías. Lo he llegado a saber a través de la búsqueda de la verdad y la continua oración. El cuerpo que en la tierra perdamos Dios nos lo va a reponer con uno glorificado que jamás se va a corromper. La Biblia dice: *"He aquí, os digo un misterio: No todos dormiremos; pero todos seremos transformados, Porque es necesario que esto corruptible se vista de incorrupción, y esto mortal se vista de inmortalidad"* (1 Corintios 15:51-53). Un año más tarde estas promesas trajeron paz a mi corazón. Ahora espero reencontrarme con mis seres queridos un día en el paraíso.

*Capítulo 3*

# Mi gran decepción

Después de la muerte de mi hermano perdí la fe que había ganado cuando él salió del coma la primera vez. Pensé que Dios no existía puesto que había hecho un milagro a medias según mi ignorancia. Como lo dije anteriormente para Dios sanar también significa salvar el espíritu. Veamos lo que dicen las Escrituras acerca de esto: *"Y le trajeron un paralítico echado en una camilla; y Jesús, viendo la fe de ellos, dijo al paralítico: Anímate, hijo, tus pecados te son perdonados."* (Mateo 9:2). Aunque ellos le pedían salud para el cuerpo, el señor les dio eso y algo mucho más valioso como es la salud espiritual. El tiene abundancia para darnos. Mi hermano murió el once de noviembre, el día del cumpleaños de mi mamá y de mis hermanos gemelos. Un mes después de la muerte de mi hermano mi mamá se empezó a sentir enferma. Tres meses después de la muerte de mi hermano a mi mamá le detectaron un tumor canceroso en el estómago. Cuando me enteré que mi mamá estaba enferma fue un dolor aun más grande en mi corazón. Andaba como sonámbula o zombi sin saber que hacer o que decir. Sabía que no tenía ninguna esperanza de que mi madre se aliviara. Sólo lloraba día y noche. Iba a trabajar y venía sin saber exactamente lo que hacía y a veces ni comía. Todo el tiempo lo pasaba haciendo llamadas a México para escuchar la voz de mi mamá lo más que pudiera. Fui a mi iglesia y le pedí al sacerdote que pusiera el nombre de mi mamá en la lista de los enfermos y así cada domingo se mencionaba su nombre en la iglesia. Durante mi desesperación noté la manera en como se presentaban las peticiones. No se hacía oración solamente se leían los nombres y eso obviamente no era efectivo. Es necesario orar con fervor a nuestro Padre celestial en el nombre de nuestro Señor Jesucristo. Debemos expresarle nuestros deseos y necesidades. Cuando oramos debemos corroborarle al Señor que su voluntad está por encima de todo lo que pedimos.

Un día me encontré con una compañera de trabajo a quien le platiqué mis problemas. Ella me escuchó pero no me dijo nada porque no sabía si yo creía en Dios. Tenía miedo de mi reacción. Al siguiente día me la volví a encontrar y sé que no fue casualidad. Ella me dijo que había estado pensando en mi situación y que quería compartir su fe conmigo. El Señor todopoderoso la puso en mi camino para que yo recuperara mi fe perdida. Ella me platicó que su padre se alivió de un cáncer similar al de mi mamá cuando los doctores lo habían desahuciado ya. Me dijo que mientras ella oraba en su iglesia un día, su padre en el hospital de repente sintió un remolino y un golpe en el estómago. Después de eso se sintió aliviado y se fue a su casa feliz y contento. Su padre se curó milagrosamente y vivó veintitrés años más. Ese testimonio cambió mi vida puesto que volví a creer en Dios nuestro Señor. Esa compañera me invitó a su iglesia porque iban a tener un predicador prodigioso. Según le habían dicho que poseía varios dones espirituales incluyendo el de sanación de enfermos. Yo me arreglé temprano el sábado y fui la primera que llegó a la iglesia. Deseaba con todo mi corazón que ocurriera un milagro en la vida de mi madre y se curara de su enfermedad. Me llevé una gran decepción esa noche. El predicador invitado resultó ser un mentiroso que vino a estafar a los ingenuos creyentes. Yo me salí a escondidas por la puerta trasera del local donde se reunía esa congregación. No tenía el dinero que él pedía y seguí llorando mi triste vida. Después de eso mi amiga del trabajo me evadía porque estaba avergonzada. Ella no conocía a ese predicador y también había sido engañada. Se sentía apenada de que en su iglesia yo hubiera visto esa farsa. Continué yendo a la iglesia Católica todos los domingos. Regresaba a casa igual sin ningún alivio pues solamente iba a escuchar el mismo ritual memorizado que hacen allí. Trataba de convencerme de que si mi iglesia no me ayudaba otras menos. Nunca antes vi tal engaño y menos donde crees que están los líderes espirituales para asistirnos en momentos de tribulación.

Hoy día he aprendido que en todos lados existen falsos profetas y falsos maestros de la Palabra. El demonio se puede disfrazar en ángel de luz para tratar de engañar a la gente (2Ped. 2:1-2). En estos días demasiada gente es engañada por sus mismos líderes religiosos. Esto está escrito como una de las señales de los últimos tiempos. Sólo los que siguen a Jesús son libres de esos engaños por que tienen la luz que los guía en todo momento. El hombre nos falla pero Dios jamás. Pues él no me dejó caer sino más bien permitió más sufrimientos para conseguir mi atención. Cuando nuestro Padre celestial nos está llamando primero nos da una golpecito y si no escuchamos nos da con un martillo y si todavía seguimos ignorándolo nos pega con un marro. Yo creo que después de esos golpes El quizás nos deja en paz con nuestra ignorancia. El sólo quiere darnos la oportunidad de decidir por nosotros mismos si queremos seguirlo. Nos permite escoger entre tener vida eterna o morir para siempre e ir a sufrir los atroces tormentos en el infierno por la eternidad. La Biblia menciona el infierno en muchos de sus libros. Dios desea que todos seamos librados de ese tormentoso lugar que es la morada final de los que desobedecen a Cristo. Yo le pido perdón a Dios por mi ignorancia y le estoy eternamente agradecida por llamar mi atención. Gracias a los golpes sufridos hoy puedo decir que mi mamá y mi hermano son salvos y sé que un día me reuniré con ellos. Mi gran decepción me enseñó una gran lección. La lección es que no debo confiar en el hombre sino en Jesús por que El es nuestra luz.

*Capítulo 4*

# El llanto desesperado

Dos semanas después de que asistí a la iglesia donde sufrí una gran decepción, recibí otra noticia terrible. Uno de mis hermanos menores fue secuestrado. Unos sujetos le cerraron el camino y no le permitieron pasar. Le dijeron que se bajara del carro con engaños y después lo subieron a otro vehiculo. Dejaron a su familia asustada y llorando en medio de la calle. En ese tiempo toda mi familia estaba muy triste. Sólo hacía pocos meses del deceso de un hermano, mi mamá estaba muy enferma y ahora por si eso fuera poco mi otro hermano desaparecido. Mi primera reacción fue irme a la iglesia a pedirle al sacerdote que orara por mi familia. El sacerdote me contestó amablemente que lo haría. El domingo siguiente regresé a la iglesia y noté que el nombre de mi hermano secuestrado no fue mencionado cuando se pedía por las personas necesitadas de ayuda. Pasaron los días y toda la familia se encontraba desesperada sin tener ninguna noticia alentadora. Lo buscaban por todas partes. Cuando escuchaban que habían encontrado muertos en algún lado luego investigaban si no era él.

Mi desesperación crecía minuto a minuto. Fui a la iglesia otra vez como acostumbraba hacerlo cada domingo. Esperaba que la gente en la iglesia orara por él para que sucediera un milagro. Mi angustia creció aun más cuando otra vez no escuché su nombre entre la lista de personas necesitadas. Cuando se terminó la misa mi esposo y yo nos acercamos al sacerdote y le preguntamos porque no orábamos también por mi hermano. No podía creer lo que el sacerdote nos contestó. Nos dijo que en su ceremonial no existía una categoría para pedir por los secuestrados. Solamente existía una categoría para los enfermos y otra para los muertos. Su respuesta fue peor que si me hubieran echado un balde de agua helada en un día de invierno. Esa respuesta a cualquiera le hubiera desconcertado pero para mí en el momento que yo estaba viviendo fue cruel. Me encerré en mi cuarto a llorar día y noche sin ningún consuelo. Mientras los días pasaban y nosotros no recibíamos ninguna noticia de mi hermano. ¡Que ignorancia más grande la de ese sacerdote! Para hablar con nuestro señor Jesucristo no necesitamos ceremoniales ni categorizar las peticiones. Lo único que necesitamos es expresarle nuestros sentimientos a Dios desde el fondo de nuestros corazones. En la soledad de mi cuarto con el alma destrozada por el dolor le hablé al Ser que creó el universo y todo lo que en el existe. Le dije que me había dado cuenta que nadie en el mundo podría ayudarme a salir de ese túnel que cada día se volvían más largo y oscuro. Lo reté a que me demostrara que existe y que nos oye. Le dije que iba a hacer ciertos sacrificios hasta que él me demostrara que estaba escuchando mis súplicas y viniera en mi auxilio. Además le prometí que si me concedía mi petición yo viviría para darle gracias por el resto de mi vida.

En mi desesperación me vi en la necesidad de buscar ayuda espiritual de personas con doctrinas diferentes a la mía. Le pedí a una amiga que si podrían orar con su congregación. Desde el momento que reconocí que Dios es el único que nos puede ayudar él vino en mi auxilio. Empezó a guiarme y a enseñarme a leer las sagradas

Escrituras y allí he aprendido a conocer a Dios nuestro Señor cada día más. Todos los días mientras manejaba al trabajo hablaba con él. Yo se que esto que hice enseguida les va a sonar a locura, pero así está escrito que seríamos juzgados. Le desocupaba el asiento del pasajero a Dios para que fuera mi compañero durante el trayecto y así empecé a sentir su presencia. Aún en medio de la tormenta yo podía sentir paz. El me confortaba y de esa manera podía seguir adelante mientras esperaba que un milagro ocurriera. Empecé a agradecerle por adelantado por ese milagro que esperaba recibir. Su Espíritu me iba guiando a hacer su voluntad. Las sagradas Escrituras enseñan que debemos agradecerle por todo lo que somos y tenemos y aún por lo que nos va a dar todavía. Dios tiene abundancia de bendiciones para todos los que decidimos tomar nuestra cruz y caminar con él.

Al día siguiente después que el sacerdote me negara la petición de orar por mi hermano, busqué a mi amiga para pedirle que orara por mi familia. Yo sabía que ella tenía mucha fe y necesitaba acercarme a alguien que la tuviera. Esta vez le dije que mis problemas se habían duplicado. Ahora no sólo sufría por mi hermano fallecido, una madre padeciendo un cáncer terminal pero también tenía a un hermano desaparecido en manos de una banda de secuestradores asesinos. Estaba al borde de la locura y no me imagino como se estaba sintiendo mi pobre madre. Mi amiga invitó a varios miembros de su congregación a su casa y allí nos reuníamos por las noches para orar juntos por el regreso sano y salvo de mi hermano. Esas personas ayunaban y oraban con fervor y tenían una enorme fe de que mi hermano sería liberado. Mi pobre madre se olvidó de su enfermedad para dedicarse por entero al sacrificio y la oración. Nada le importaba más que su hijo. Nos expresó su deseo de caminar de rodillas por toda la calle a cambio de un milagro. La gente del pueblo que la conocía se alejó por completo de ella por que no tenían valor para ver tanto sufrimiento junto. En el transcurso de tres semanas ella se avejentó prematuramente al grado de causar tremenda lástima. Mucha gente oraba por mi hermano pero nuestras oraciones eran diferentes. Yo le pedía a mi Padre celestial en el nombre de su hijo Jesucristo. Hacía ayunos y otros sacrificios junto con mi esposo. Jesús dijo: *"Y todo lo que pidiereis al Padre en mi nombre, lo haré, para que el Padre sea glorificado en el Hijo"* (Juan 14:13). Mi familia, parientes y conocidos oraban a la virgen y a los santos. Les prendían velas y hacían promesas de ir a visitar a las imágenes y estatuas de ellos en diferentes lugares del país. Dentro de su desesperación e ignorancia mi familia también iba de un adivino o brujo a otro. Los brujos los hacían hacer ciertos rituales satánicos y prácticas paganas con los cuales estaban ofendiendo grandemente a nuestro Padre celestial. Todos sabíamos que con el paso de los días nuestras esperanzas de encontrar vivo a mi hermano disminuían. Además por ese tiempo había demasiados secuestros en el país. Casi a todos los mataban y los tiraban en algún lado. Algunas veces se los tiraban vivos a los tigres para que los devoraran.

Yo volví a creer en Jesucristo a través de esos santos que me ayudaron a tener fe de nuevo. Digo santos por que en la Biblia así se le llama a todos los seguidores de Jesucristo. Santo sólo quiere decir que estamos separados para Dios. Mi amiga me preguntaba cada día si había noticias de mi hermano y yo le decía que no con una tristeza enorme. Ella siempre me exhortaba a creer en las promesas de Dios. Me decía que mi hermano iba a regresar vivo y yo le creía. Ellos oraban por horas sin cesar, pidiendo a Dios que tuviera compasión de mi familia. Pedíamos a Dios nuestro Señor que mandara a su Santo Espíritu y a sus ángeles a proteger a mi hermano. Yo les llamaba a México todos los días y les pedía que dejaran de consultar a los brujos.

Ya había aprendido que esas cosas mi Padre santo las aborrece como lo dicen las sagradas Escrituras. *No sea hallado en ti quien haga pasar a su hijo o a su hija por el fuego, ni quien practique adivinación, ni agorero, ni sortílego, ni hechicero, ni encantador, ni adivino, ni mago, ni quien consulte a los muertos. Porque es abominación para con Jehová cualquiera que hace estas cosas.* (Deuteronomio 18: 10-12).

El temor de Dios es el principio de la sabiduría (Salmo 111:10). Yo sólo deseaba agradar a Dios para que él nos hiciera el grandísimo favor de proteger a mi hermano. Mi familia en su desesperación seguía visitando a los brujos e incluso invocaron a Satanás por ayuda. Pero mientras ellos se hundían más en su ignorancia a mí poco a poco el Señor todopoderoso fue incrementándome la fe. Mi miedo empezó a disminuir. Supe que debía ir a México para estar con mi madre en esos momentos tan difíciles. Mi Padre celestial guió mi viaje. La familia toda tenía mucho miedo y no sabían que hacer. Se oían rumores de que todos estábamos en peligro y querían huir pero no sabían a donde ir. Me fui a México a pesar de la oposición de mi esposo y mis hijos por temor de que algo me sucediera. La tensión era demasiada entre la familia pero con la bendición de Dios yo pude contagiarles la fe a todos incluyendo a mi hermano cuando me vio.

## El prodigio de la liberación de mi hermano

Temprano por la madrugada antes de mi salida a México fui despertada por una llamada telefónica. Era mi hermano mayor quien me comunicaba que mi hermano había aparecido. Yo temblando de nervios le pregunté que si estaba bien. El me contestó que estaba vivo. Le había prometido a mi Padre celestial que le estaría agradecida por el resto de mi vida. Al escuchar la respuesta me arrodillé en el suelo y di gracias por ese gran prodigio. Fue como si en ese instante me hubieran quitado una enorme carga que me tenía aprisionada. No había palabras para expresarle a Dios mi agradecimiento. Mi esposo ofreció tremendos sacrificios también. Al escuchar la noticia dijo "no más casinos". Nunca pensé que él haría tal promesa a cambio de la vida de mi hermano. Los dos éramos adictos a los casinos. Todas nuestras vacaciones eran planeadas a lugares donde los había. Por segunda vez Dios me estaba confirmando su deseo de alejarme de esos antros de vicio. La otra ocasión fue cuando me avisaron que mi hermano estaba en coma. Nosotros íbamos a salir para las Vegas esa mañana, pero en lugar de ir a las Vegas me fui a Guadalajara. Soy copartícipe con mi esposo de esos sacrificios porque Dios nuestro Padre celestial se merece eso y muchísimo más. Toda la familia en esos días nos olvidamos de que mi madre estaba enferma y nos concentramos en un sólo dolor. Me imaginaba a mi hermano siendo torturado y sin comer o beber por más de tres semanas. Mi hermano mayor me dijo que se necesitaba una gran cantidad de dinero para pagar por el rescate. Esa noticia a mi no me importó en lo absoluto. Mi hermano estaba vivo y eso era lo más importante. Por la tarde con la ayuda de Dios pude terminar de recaudar una parte del dinero y con ese me fui a México para reunirme con mi familia.

Fue tan triste ver a mi pobre madre flaquita y desgastada por tanto sufrimiento. Su enfermedad y la tristeza de haber perdido ya a dos hijos y otro desaparecido habían hecho estragos en su cuerpo. Antes de partir para México me reuní con mis amigos cristianos para orar por protección divina. Me bendijeron prometiéndome seguir orando hasta verme regresar sana y salva. Mi hermano quiso verme tan pronto como llegué al pueblo. Cuando lo vi llegar con mucha dificultad para caminar sentí una enorme emoción. Venía muy temeroso porque sabía que no era aun libre de sus captores. Fue liberado bajo juramento de encontrarse con ellos en tres días y pagarles una gran suma de dinero por su liberación. Se le amenazó de muerte para toda su familia si los denunciaba o si faltaba a su juramento. Se consiguió el dinero pero él no confiaba que no lo fueran a matar. No tenía otra alternativa más que presentarse al lugar que ellos señalaran en el día señalado si no la familia pagaría las consecuencias. La incertidumbre nos tenía a todos atormentados pero gracias a nuestro señor Jesucristo todo salió bien. El Señor todopoderoso estuvo en todo momento con nosotros y nos sostuvo en los momentos más difíciles.

Cuando yo llegué a la casa de mis padres con toda la fe que ahora me había aumentado les infundí confianza. Le hablé a mi hermano de la palabra de Dios y lo hice que leyera algunos salmos. Le ungí la cabeza y los pies con aceite y juntos cantamos alabanzas a Dios nuestro Señor. Temprano al día siguiente fuimos a misa porque él quería que el sacerdote lo bendijera y lo confesara como se acostumbra en la religión Católica. El sacerdote sin la mínima consideración le dijo que no tenía tiempo de hacerlo y se mostró indiferente ante la situación y los temores de mi hermano. Los captores lo seguían a donde quiera que iba pero él no los reconocía por que mientras lo tuvieron secuestrado le taparon los ojos. Lo llamaban por teléfono y lo amenazaban.

Pasaron seis largos días antes de que sus secuestradores lo citaran para cobrar el dinero acordado. Recuerdo que él se despidió llorando y diciendo que lo iban a matar. Durante esos días mi madre, mi hermana y yo nos unimos en oración. Ellas insistían en rezar sus oraciones repetitivas como el rosario de la liberación y quien sabe que otras cosas que desagradan a Dios (Mat.6:7-8). yo Además de oraciones hacía ayunos y leía las sagradas Escrituras porque en la palabra de Dios encontraba paz y esperanza. En cuanto nos avisó que se iba nos pusimos a orar mi madre y yo sin parar hasta que se vio libre y nos llamó. Fueron más o menos seis interminables horas las que duró mi hermano yendo de un lugar a otro. Lo citaban a cierto lugar de donde luego se movían a otro y a otro porque tenían miedo de ser descubiertos. Me quedé unos cuantos días en México cuidando a mi mamá. Ella me acompañó al aeropuerto para regresar a Los Angeles. Me despedí de ella y caminé hacia la sala de espera. Después de cruzar la revisión de seguridad volví la cabeza hacia atrás para verla de nuevo, la vi tan acabadita y sentí una inmensa tristeza. En ese momento le pedí a mi Señor Jesucristo que me la cuidara mucho por que deseaba verla otra vez. El me concedió ese deseo. El Señor es siempre tan amoroso que nunca se olvida de nuestras peticiones aunque nosotros nos olvidemos de agradecerle por concedernos nuestros deseos.

## Los horrores del secuestro

Yo pienso que el secuestro es una de las experiencias más dolorosas para todo ser humano. Jamás me imaginé que yo algún día lo experimentaría. Mucho menos imaginé que algo así pasaría en ese momento de mi vida. Ya tenía demasiadas penas para poder soportar algo más tan drástico. Ahora sé que Dios no nos da pruebas que no podamos resistir como lo expresó el apóstol Pablo: *Ustedes no han sufrido ninguna \*tentación que no sea común al género \*humano. Pero Dios es fiel, y no permitirá que ustedes sean tentados más allá de lo que puedan aguantar. Más bien, cuando llegue la tentación, él les dará también una salida a fin de que puedan resistir* (1 Corintios 10:13). Enterarme de lo que estaba sucediendo fue casi como una puñalada clavada en mi corazón. La persona que me lo dijo fue mi pobrecita madre quien se encontraba sufriendo tanto. El calvario de mi hermano fue también el calvario para toda la familia.

El estuvo perdido por veintitrés días que parecían meses cada uno. Mientras nosotros buscábamos desesperados sin encontrar ayuda, mi hermano estaba siendo torturado en algún lugar del mundo. Atado de manos y pies con los ojos tapados estuvo sin comer o beber agua por días enteros. Era devorado por los mosquitos sin poder rascarse y siendo golpeado sin piedad. El nos contó que en más de tres ocasiones estuvo a punto de ser ejecutado. Una vez lo trataron de electrocutar. Sus verdugos inundaron de agua el cuarto donde mi hermano se encontraba tirado. Estaban a punto de poner la descarga eléctrica cuando una llamada telefónica suspendió la ejecución. Cada vez que estuvieron a punto de ejecutarlo una llamada los detenía. El contó además que escuchaba los rugidos de tigres y cuando les echaban a la gente viva para que la devoraran. El sólo imaginar eso era suficiente para morirse del miedo sin contar todos lo golpes y otras torturas de las que estaba siendo objeto. El nos platicó que ya no pedía piedad sólo un favor. Quería que cuando lo ejecutaran tiraran su cuerpo en algún lugar donde lo pudieran encontrar sus familiares para que dejaran de preocuparse. Es curioso que en ese lugar donde lo tenían, los mismos secuestradores le llegaron a preguntar que oraba y a quien. Dijeron que nunca habían visto tantas trabas para deshacerse de un infeliz cautivo.

Narro esta tragedia que tuvo un final feliz porque es un milagro vivo ocasionado por un Dios vivo. Fue mi Señor Jesucristo quien lo protegió; él se merece el honor y la gloria por siempre. Las probabilidades de sobrevivir en un secuestro de esa naturaleza eran mínimas. Especialmente en su caso porque a él lo secuestraron para matarlo y no para pedir recompensa. Como lo dije anteriormente, en estos momentos esa situación la viven a diario muchas familias en todo México. Todos los días se encuentran cuerpos decapitados por todo el país. Mi Padre celestial hizo camino donde no había camino y sacó vivo a mi hermano de ese hoyo. Era difícil creer que estuviera vivo. Las oraciones de mis amigos con los que nos reuníamos a orar me dieron fe y cuando esa fe existe los milagros ocurren. La fe viene por la gracia de nuestro Señor Jesucristo y es un don que él nos da cuando nosotros se lo pedimos con el corazón. Muchísima gente oraba pero no todas las oraciones son escuchadas por Dios. Otras son escuchadas por el demonio especialmente las que se hacen enfrente de imágenes de ídolos los cuales tienen ojos pero no ven, oídos pero no oyen, boca pero no hablan e igual que ellos son los que los hacen y los que confían en ellos (salmo 115:4-8). La Biblia claramente dice que no hay otro nombre en el cielo ni en la tierra por el cual podamos ser salvos (Hechos 4:12) y que Jesucristo es nuestro único mediador ante el Padre (1 Tim. 2:5).

Fue triste para mí escuchar a todas las personas que venían a visitar a mi hermano decirle que habían prometido visitas a las imágenes de santos por su liberación. Ninguno decía que había ofrecido algún sacrificio a Dios nuestro Señor quien en realidad hizo el milagro. Vi a mi papá, a un hermano menor y a un sobrino caminar más o menos 15 millas durante las horas más calurosas del día para agradecerle a la imagen de la Guadalupana por la liberación de mi hermano. Hubo alguien que vino y nos preguntó que cual brujo nos había ayudado a encontrarlo. Todas las cosas que vi y escuché fueron indignantes. Imagínense como se siente la gente cuando hace algo y todo el crédito se lo dan a otra persona. ¿Como se sentiría Usted? Yo creo que se sentiría triste y ofendido (a). Así es como debe sentirse nuestro Padre celestial. Esas son las injusticias que se cometen todos los días por no leer las sagradas Escrituras para enterarnos de la verdad. Esas son las grandes ofensas que nos atan a este mundo por generaciones. Dios Le reveló a Pablo que sin él estamos atados y nos instruye a buscar la liberación de la humanidad en el siguiente pasaje bíblico. *"Dios les conceda que se arrepientan para conocer la verdad, y escapen del lazo del diablo, en que están cautivos a voluntad de él "*(2 Tim.2:24-26).

Cuando dije que estamos amarrados a este mundo me estaba refiriendo que estamos atados al demonio. Satanás es el rey del mundo y se asegura de que no sepamos la verdad. Está escrito que él se lo ofreció a Jesús a cambio de que se hincara y lo adorara (Lucas 4:5-6). Además cuando Dios hizo a Adán y a Eva les dijo que se enseñorearan sobre todo el mundo. Ellos eran los directores ejecutivos de toda su creación. Ignoraron que sólo tenían que seguir a Dios y le cedieron el puesto al diablo. Perdieron el control de lo que era de ellos y fueron echados del jardín del Edén. El diablo desde entonces sigue engañando al mundo haciendo milagros falsos para que la gente se aleje cada vez más de la verdad. La Palabra de Dios describe a la gente guiada por el diablo de la siguiente manera *"sin afecto natural, implacables, calumniadores, intemperantes, crueles, aborrecedores de lo bueno, traidores, impetuosos, infatuados, amadores de los deleites más que de Dios* (2 Tim.3:3-5). Así era yo antes de conocer a Dios. Quería tener lo mejor de todo sin importarme el sufrimiento ajeno, mucho menos Dios.

*Capítulo 5*

# El plan de Dios para salvar a la humanidad

El señorío del hombre se perdió después del pecado del primer hombre y la primera mujer. Eran amos y señores sobre todos los seres vivientes y al único que debían obedecer era a Dios. A partir de la desobediencia de Adán y Eva Dios comenzó a desarrollar un plan de salvación para restaurar el reino perdido. Empezó a enviar mensajes de esperanza a través de sus profetas y enviados especiales. La venida del Salvador del mundo fue anunciada desde el inicio de la Biblia en el libro de Génesis. Los primeros humanos se corrompieron tanto al grado de que Dios se arrepintió de haber hecho al hombre como podemos leerlo en Génesis seis. Dios dijo que lo iba a exterminar pero aun en su ira tuvo compasión. Desde el momento en que salvó a Noe y a su familia de perecer con el resto del mundo, Dios estaba demostrando que no quería que la raza humana desapareciera. Ocho personas sobrevivieron el diluvio junto con los animales. Desafortunadamente el diablo no desapareció y él es la raíz de todo el problema. Los sobrevivientes eran descendientes de Adán y Eva por lo tanto venían contaminados con el pecado de ellos. Eran propensos a pecar y el diablo empezó a tentarlos donde fueran más vulnerables. Todos los hombres y mujeres nacieron con el pecado original y con inclinación al mal. El Espíritu de Dios se separó del cuerpo por causa de la desobediencia del primer hombre y así nació toda su descendencia. Se perdió el medio de comunicación entre Dios y el hombre porque el espíritu del hombre murió. Sin el ayudador o el Espíritu Santo es difícil abstenerse de los deseos carnales. Volvió a corromperse la humanidad al grado de que Dios no resistió ver tanta maldad junta y su ira se derramo de nuevo. Estoy hablando del juicio a Sodoma y Gomorra dos ciudades que fueron destruidas por tanto homosexualismo y corrupción. Esta vez también hubo sobrevivientes y la raza humana siguió existiendo. A medida que la humanidad se multiplicaba el pecado crecía paralelamente. Dios siguió trabajando en su plan de salvación por el cual tuvo que sacrificar su propia vida. La gracia era una tremenda necesidad en el mundo debido a la abundancia del pecado. En el tiempo determinado envió a su hijo Jesucristo a rescatarnos pagando el precio de nuestra libertad con su propia vida.

## Leer la Biblia cuesta trabajo

*Lámpara es a mis pies tu palabra y lumbrera a mi camino.* (Salmo 119:105)

Durante mi estadía en México traté de convencer a mi familia de que la Biblia es el libro sagrado de Dios nuestro Señor. Que la salvación depende de la verdad escrita en ese libro. Si lo que nos enseñan no está en este libro es una herejía. Sí es verdad que la Biblia fue escrita por hombres ordinarios como nosotros. Pero también es verdad que esos hombres comunes y corrientes fueron inspirados por el Espíritu de Dios.

¿Cómo lo sabemos? Jesús mismo hacía referencia del Pentateuco o los cinco libros de Moisés. Son los primero cinco libros del Antiguo Testamento. También citaba los libros de los profetas como si fueran palabra de Dios. ¿Quien lo va a saber más que Jesús sino él mismo que es el hijo de nuestro Padre celestial? Hay varios factores que influyen a las personas a no leer las sagradas Escrituras. Unas son las religiones las cuales nos inculcan que lo único que necesitamos es seguir sus doctrinas. Otras personas se dejan llevar por sus líderes religiosos. Ellos les hablan de una manera muy convincente hasta el punto de hacerles perder la voluntad misma. Hay otras personas que creen saberlo todo y se encierran en su ignorancia. Otros creen que si no le hacen dañó a nadie no necesitan buscar ninguna verdad. Detrás de todos esos factores están las artimañas del demonio. El problema en esto radica en que no hay salvación si decidimos seguir ignorando la verdad. Jesús es el camino para llegar al Padre, la verdad y la vida y si no se le conoce ¿como esperamos llegar a Dios? No es suficiente ser bueno y no dañar a nadie como tampoco es suficiente seguir una religión.

Jesucristo dijo que escudriñáramos las Escrituras, no que tuviéramos la Biblia escondida o cerrada. Mientras no lo hagamos seguiremos caminando a ciegas y teniendo al diablo feliz. El es el príncipe del aire y de todos los que viven en desobediencia. Si no conocemos la Palabra de Dios estamos desarmados y expuestos a ser devorados por los lobos disfrazados de ovejas. Jesús dijo que vendrían esos lobos a los cuales podríamos vencer con las armas de la luz. *Y tomad el yelmo de la salvación, y la espada del Espíritu, que es la palabra de Dios (Efesios 6:17).* Dios desea tener una relación con nosotros y lo único que nos pide es que lo obedezcamos. Quiere bendecirnos pero nosotros lo rechazamos. Como no se puede acercar a nosotros por su pureza nos mandó su Palabra por medio de manuscritos. La gente que no tiene una relación con Dios no se imagina cuanto sufre el Creador por nosotros. Nosotros sufrimos por amor a los nuestros y nuestro amor no se compara con el amor de Dios. ¿Cuánto más debe sufrir él que es sólo amor? Cuando me imagino el sufrimiento de mi Padre me dan unos deseos grandes de correr a decirle a toda la gente que él nos ama muchísimo. Dios sufre demasiado por nuestra indiferencia. En el momento en que lo arrestaron y lo torturaron ninguno de sus discípulos estuvo presente y a él eso no le importó porque su amor por nosotros estaba por encima de todo sufrimiento.

Yo recuerdo desde cuando era niña que los adultos decían que las personas que leían la Biblia se volvían locos. Obviamente esas personas no conocían a Dios, de lo contrario no pensarían que Dios nos preparó ese libro para perjuicio de la humanidad. El que les dice eso obviamente es Satanás para mantenerlos desarmados y hacer de ellos lo que le plazca. Otros dicen que no la leen porque entonces se cambiarían de religión. Yo me pregunto que para que queremos una religión que nos esté escondiendo la verdad. ¿No se preguntan ustedes por que ese interés en que no lean la Biblia? ¿Por qué nos dicen que la leamos siguiendo ciertas instrucciones? ¿No será porque esconden la verdad? ¿Será que temen perder algo? Buscar la verdad es cuestión de vida o muerte. La verdad se encuentra en las sagradas Escrituras y esa nos guiara a la salvación de nuestra alma. El Espíritu Santo es el mejor maestro para enseñarnos lo que él mismo les dictó a las personas que las escribieron (Isaías 30:20). La verdad nos hará libres de las cadenas que nos atan (Juan 8:32). Cuando nos negamos a buscarla estamos rechazando a Jesús que con tanto amor y dolor dio su vida por nosotros. Su sacrificio sería en vano por que él murió para pagar por los pecados de toda la humanidad y no solamente por unos cuantos. Dios bien podría forzarnos a buscar la verdad pero él no quiere que nadie venga a él si no es por su propia voluntad.

La Palabra de Dios es una antorcha que Dios proveyó para iluminar a la humanidad. Jesús es la luz que nos guía para que no vayamos a oscuras tropezando por el mundo como lo indica el siguiente pasaje. *Una vez más Jesús se dirigió a la gente, y les dijo: Yo soy la luz del mundo. El que me sigue no andará en tinieblas, sino que tendrá la luz de la vida* (Juan 8:12). Uno a veces piensa que lo sabe todo, sin embargo el pasaje bíblico de arriba dice que sin Jesús andamos caminado a oscuras. El maligno hace presa de nosotros y nos destroza con sus garras sin que lo podamos ver por la oscuridad en que vivimos. Yo quizás no debería contar lo del secuestro por la delicadeza del asunto pero lo hago para expresar mi agradecimiento a las personas que tuvieron compasión de mi hermano. Además para decirles a las que le ocasionaron tanto daño que les hemos perdonado y que rogamos a Dios que también él les perdone. Que sepan que deseamos que Dios les guié su camino y les de amor para que puedan un día conocerlo y amarlo como él se merece. Dije amor porque ese es el don más grande que Dios nos ha dado. El lo demostró al mandar a su hijo unigénito a sufrir humillaciones y morir de la manera más horrible por amor a nosotros. (John 3:16) Pablo dijo que el amor nos acerca a la perfección que obviamente es nuestro Padre Celestial. A través de ese sentimiento podemos hacer grandes obras y a través de ellas agradar a nuestro Señor Jesucristo (Juan 14:12). Al comportarnos de la manera que nuestro Señor quiere estamos sirviendo de luz a las demás personas que a su vez se sentirán felices y también querrán imitarnos. El Señor nos iluminó con su luz y desea hacerlo con todas las personas que desean seguirlo. El quiere que todo mundo brille con su Luz.

*Capítulo 6*

# Dios cura todas las enfermedades

En casa teníamos un estudio bíblico semanal donde se reunían hasta 20 personas. Era una reunión de gente con diferentes niveles de crecimiento espiritual pero independientemente de eso pudimos ver al menos dos milagros de sanidad. Uno ocurrió en la primera vez que nos reunimos. Una señora de la misma congregación a la que yo asistía estuvo enferma con neumonía por varias semanas y fue diagnosticada con cáncer en los bronquios. De acuerdo con sus doctores ella tenía un tumor del tamaño de una mandarina y estaba en la etapa cuatro. Ella hablaba con dificultad pero así asistió a nuestra primera reunión. Durante la mañana yo le pedí a Dios nuestro Señor que me preparara con un mensaje especial. Ese día solamente 6 personas nos reunimos. Juntos leímos una página de un libro que relataba un milagro hecho por Dios nuestro Señor. Después de leer ese testimonio juntos oramos por sanidad. Dos semanas más tarde los doctores no encontraron el tumor. Con el mismo grupo oramos por una muchacha de veinte años a quien le había vuelto el cáncer cervical por segunda vez. Ella estaba muy nerviosa y no sabía que hacer. Esa muchacha es amiga de mi hija y ella la invitó para que oráramos por un milagro en su vida. Aunque la muchacha no es cristiana aceptó venir. Todo el grupo nos reunimos alrededor de ella y la declaramos limpia de toda enfermedad en el nombre de Nuestro Señor Jesucristo y así fue. En su próxima visita al doctor le dijeron que el cáncer había desaparecido. Después de los milagros ocurridos en sus vidas estas dos personas jamás regresaron al grupo. Mi deseo es que por lo menos se tomen el tiempo de agradecer a Dios por tan grande prodigio y no les sobrevenga algo peor.

Este otro testimonio lo vivimos dentro de mi familia. Dos grandes prodigios en un solo relato. El esposo de mi hermana estaba desahuciado con un cáncer que le había invadido todo el cuerpo. Se decía que estaba al borde de la muerte. Ya no comía ni hablaba solamente dormía. Su hijo menor viajó hasta México para verlo por última vez. Dios hizo posible este viaje al facilitarle los trámites migratorios que le permitieron salir del país y regresar a reunirse con su familia. En este momento conseguir un permiso para vivir en este país para los Mexicanos es muy difícil. Para mi sobrino era casi imposible puesto que había tenido problemas con la ley. En menos de 4 meses su solicitud fue aprobada sin necesidad de salir del país. Le otorgaron la residencia legal sin preguntarle acerca de sus antecedentes penales. Dios lo representó en las entrevistas y su caso se resolvió milagrosamente. En su visita de una semana pudo orar por la sanidad del cuerpo y del alma de su padre. La recuperación empezó a notarse rápidamente. En cuestión de pocas semanas mi cuñado empezó a recobrar energía y a caminar. Vivió por casi dos años más en los que Dios le dio la oportunidad de escuchar su Palabra y quizás ponerse a cuentas con él. Gloria a Dios.

Este caso me impresionó bastante. Recientemente conocí a una mujer de mediana edad con un carácter muy dulce. Fue una especie de cita divina. Ella necesitaba oración desesperadamente porque estaba bajo un ataque de nervios debido a una fuerte opresión del maligno en contra de su persona. El Señor de repente puso en mi corazón el deseo de llamarle a una hermana en Cristo donde conocí a esta persona para que me diera este testimonio. Hace dieciocho años esta hermana en Cristo fue diagnosticada con un cáncer terminal. El doctor le dio seis meses de vida. Decidió viajar al Salvador para pasar los últimos días con sus tres pequeños hijos y morir en su tierra natal junto con sus seres queridos. Les ocultó su enfermedad para no entristecerlos y en silencio sufrió los terribles dolores del cáncer. El cáncer del útero le ocasionaba hemorragias constantes de desechos que la mantenían encerrada en su cuarto para que nadie lo notara. Dice que dormía en una hamaca por causa de las hemorragias por que no tenía fuerzas para continuar lavando las sábanas de su cama. Dentro de su recamara le pedía a Dios que tuviera compasión y la sanara para poder cuidar de sus hijos. Dice que una noche con las pocas fuerzas que le quedaban por que sus días parecían contados, clamó a Dios con todo su corazón. Lloró y suplicó por su vida hasta que sus fuerzas la vencieron y se quedó dormida. Al poco tiempo la despertó una voz que le dijo levántate y enciende el radio. Al encenderlo escucho a una mujer diciendo que esa hora de oración era dedicada para liberación de cáncer. Ella supo que debía unirse en oración con la radio y puso su mano en el aparato para orar con ellos. Después de la oración se quedo dormida y olvidó el incidente. Por la mañana cuando se despertó notó que su hemorragia había cesado. Empezó a tocar su estomago y notó que no le dolía donde antes no consentía tocar. Se levantó llena de energía y compartió con su familia el gran prodigio que Dios había hecho en su vida. Su mamá le confesó que ella sabía que estaba enferma. Finalmente le contó a su familia que había regresado de Los Estados

Unidos para morir con los suyos. Dios tenía otros planes para ella y la está usando grandemente para su gloria. Aleluya.

## Dios cura las adicciones

Un sobrino mío fue terriblemente arrastrado por el amor al dinero y los vicios. A la edad de dieciséis años él ya andaba vendiendo drogas tratando de impresionar al mundo con sus ganancias deshonestas. Empezó a ganar mucho dinero y su ambición creció sin límites, cegado por el amor al dinero y la popularidad de los que lo poseen. Fue arrestado por posesión de drogas y pasó un año en la cárcel donde fue invitado a un estudio bíblico. Para él la Biblia era como cualquier otro libro pero me platicó que una frase en el libro de Apocalipsis llamó su atención. "El que tenga sabiduría que entienda lo que lee". Esa noche antes de dormirse cerró los ojos y le pidió a Dios que le diera sabiduría para entender lo que leía.

Cuando salió de la prisión inmediatamente continuó haciendo negocios sucios. Seguía atado al estilo del mundo a capricho del demonio como dicen las Escrituras. El pensaba que podía servir al maligno sin ser tocado por él. Fue padre a muy temprana edad debido a su inmadurez y falta de consejo. La relación de dos personas inmaduras no funcionó. La ruptura de esa relación dejo secuelas dolorosas que lo orillaron a buscar refugio en el alcohol con más intensidad. Los tentáculos del maligno lo empezaron a aprisionar y pronto se vio atraído por diferentes vicios entre ellos los juegos de azar donde perdía todo el dinero que ganaba. Conoció a otra muchacha que se decía cristiana pero no practicaba la fe que profesaba. A los pocos días de conocerse ya estaban viviendo juntos sin estar casados. Al poco tiempo ella decidió dejarlo por que no veía futuro en su relación. El se deprimió y empezó a usar drogas y más alcohol tratando de disipar sus penas. Se deprimió tanto al grado de atentar contra su propia vida. Se hecho un lazo al cuello y se colgó, pero cuando sintió que el oxigeno le faltaba se arrepintió. Haciendo un esfuerzo extraordinario se safó de la soga que lo asfixiaba y siguió viviendo por que Dios tenía otro plan en su vida. El siguió deprimido usando drogas y tomando hasta perderse en el vicio. La novia lo buscó y volvió con él pero él era ya un adicto a las drogas y al alcohol. Tenía un trabajo del cual lo despidieron acusado de robar a la empresa.

El continuó viviendo en ese mundo de fantasía donde se cree que el dinero todo lo puede. Pensaba que Dios era solo un invento de la gente para tenernos atemorizados. Aunque él no creía en Dios, Dios si creía en él. Algo extraordinario ocurrió un día en su vida. Para ser preciso fue el 07/07/07 cuando una voz suavemente le habló diciéndole que no temiera a nada porque él era su escudo. Trató de ignorar esa voz pero no pudo. Esa misma noche fue instruido por Dios a buscar una Biblia. A la media noche se fue a Wal-Mart a comprar una y la empezó a leer inmediatamente. El Espíritu de Dios le abrió los ojos y pudo ver lo que Dios había hecho por amor a él y a toda la humanidad. El Espíritu de Dios lo convenció de todo el mal que estaba haciendo tanto a la humanidad como a él mismo. Impulsado por el deseo de seguir al que dio su vida por nosotros tomó las cuarenta libras de marihuana en su haber y las tiró a la basura. La cocaína y el alcohol los arrojó a la taza del baño. Esto es algo que no se debe hacer por el daño que pueda causar a la fauna marina, pero en ese momento él solo deseaba deshacerse de esas lacras lo más rápido posible. Tenía una planta de marihuana la cual con desesperación arrancó desde la raíz como símbolo de su deseo de arrancar de raíz toda la maldad que en él existía. Desde ese momento Cristo lo libro de todas sus adicciones.

No tuvo necesidad de ir a ningún programa de rehabilitación o pedir algún tipo de ayuda psicológica. Confió en Dios pues en su palabra, Dios le aseguraba que sería libre. *"¡!A quien el Hijo hiciere libre, será libre en verdad!!"* (Juan 8:32). Ese día Jesús el hijo de Dios lo hizo libre y nunca más ha vuelto a las drogas. El fue bautizado con el fuego del Espíritu Santo como dijo Juan el Bautista. *"Yo bautizo con agua pero a la verdad atrás de mi hay otro que bautiza con su espíritu y con fuego"*(Mateo. 3:11). Ahora su deseo más grande es ganar almas para Cristo. Ahora sirve como pastor asociado en una iglesia de Cristo y espera pronto recorrer el mundo predicando las buenas nuevas de salvación. Quiso compartir su testimonio con el deseo de dar esperanza aquellas personas que en estos momentos están viviendo atados al mundo del alcohol y de las drogas. Si Cristo lo salvó a él, también lo salvará a usted.

*Capítulo 7*

# La persistencia con fe mueve a Dios

Durante el tiempo en que pasaron todas las tragedias en mi familia yo tenía dos trabajos de maestra y además estaba terminando mi maestría en administración de escuelas. Es difícil hacer todas esas cosas cuando además tienes cuatro hijos y un esposo que atender. Imagínese Usted como era para mi pretender ser normal cuando el mundo alrededor mío giraba vertiginosamente. El examen para obtener mi maestría tuvo lugar dos semanas después de la muerte de mi madre. Solamente tenía una oportunidad para pasarlo. Mi cabeza estaba muy afectada para poder concentrarme en algo. Mi única solución era pedir ayuda a mi Dios y así lo hice. Todas las noches antes de acostarme le decía que quería pasar ese examen y que sólo él podía ayudarme. Recibí mi admisión al examen con un horario equivocado y no me molesté en verificar el horario. La noche anterior al examen me encerré en mi cuarto a orar y suplicar una vez más por ayuda. Mientras hablaba con Dios abrí la Biblia donde fuera y cuando la leí me di cuenta que era un mensaje confortante. El Señor me habló a través de la parábola del hombre que toca a deshoras de la noche a la casa del amigo pidiéndole pan. El amigo le contesta que ya es tarde y que no puede levantarse a darle lo que pide por que sus hijos ya están dormidos. El hombre insiste varias veces; finalmente el amigo se levanta y le da lo que pide no porque era su amigo sino por la insistencia (Lucas 11:7). Yo claramente entendí que el Señor me dijo que con ese título o sin él yo era la misma persona para él, que no lo necesitaba para poder agradarlo o servirlo. Más sin embargo dijo que me iba a ayudar por mi insistencia y perseverancia. De acuerdo con el boleto de admisión mi examen empezaba a las 9:00 de la mañana, pero la hora exacta de admisión para ese examen eran las 8:00 a.m. Esa mañana recibí una llamada temprano de una amiga diciéndome que mi boleto tenía un error en la hora y que debía irme ya. Me fui a tiempo y pude tomar el examen con éxito gracias a mi Padre celestial. El Espíritu Santo me guió y dio las respuestas adecuadas para pasar dicho examen. La honra y la gloria son para mi Dios por siempre.

## Dios calma las tormentas

Nuestras vidas se ven amenazadas por tormentas de diferente magnitud. Estoy hablando en el sentido literal y también figurado. La Biblia nos describe una tormenta que se desató mientras Jesús iba en la barca con los pescadores. Ellos se llenaron de miedo mientras Jesús dormía tranquilamente mecido por las olas. Cuando se vieron al borde de la desesperación lo despertaron y él confiado en su poder ordenó a la tormenta que cesara y la tormenta paró. Yo me vi en medio de un torbellino de nervios a causa de una entrevista a la cual debía asistir para recibir mi licencia de pastor. Cuando llegué al lugar y vi que había más de 20 personas esperando para entrevistarme mis nervios me traicionaron y empecé a temblar. La entrevista no era en mi idioma natal y eso me hacía sentir más insegura. En mi desesperación clamé a Dios él cual me consoló usando el pasaje bíblico en (Lucas 8:22-25). Tan pronto como lo leí le dije Señor esta tormenta te la dejo a Tí y él rápido vino y la calmó. Cinco minutos más tarde estaba siendo entrevistada y mis respuestas parecían sorprender mucho a mis entrevistadores. Hacían comentarios muy positivos enfatizando mi poco tiempo de conocer a Dios personalmente que sólo eran tres años. Después de la entrevista me sacaron de la sala para debatir mis respuestas. Sólo les tardó cinco minutos para llamarme de nuevo y decirme que todos me habían aprobado unánimemente. Allí mismo fui invitada a compartir mis testimonios a una congregación y a predicar en otra.

Este otro testimonio fue comparado con la película: "La tormenta perfecta" por la manera como respondí a la prueba con la ayuda de Dios. Todos los peores estudiantes de la escuela fueron enviados a la oficina de disciplina el mismo día. Eran más de una docena. Las clases esa semana eran de más de dos horas cada una debido a los exámenes estatales. Los maestros al no aguantarlos en la clase los enviaron a la oficina de disciplina. Una señora voluntaria en la oficina contradijo mis órdenes a los estudiantes en frente de ellos. Le pedí que me permitiera hacer mi trabajo pero ella siguió argumentando. Los muchachos debían hacer unos ejercicios de matemáticas como castigo por su rebeldía en clase. Ella les dijo que no tenían que hacer nada puesto que ya habían terminado el examen. Le dije a la señora que se fuera de la oficina y ella empezó a decirme cosas que no le gustaban de mi forma de trabajar. Después salió de la oficina enojada y fue a acusarme a la administración. Los chicos al ver eso prosiguieron a faltarme al respeto riéndose y burlándose de mí. Estaban tan insolentes que tuve que llamar a los guardias de seguridad. Ellos al llegar vieron el caos en la oficina y decidieron salirse porque era muy difícil poder controlar esa situación. Vinieron los administradores y todos salieron de la oficina frustrados al ver que los chicos no respetaban a nadie. La oficina se escuchaba como una perrera en cuanto al ruido pero mucho peor en cuanto a lo que decían. Me dejaron sola con ellos por más de una hora. Me puse a orar calladamente y se calmaron por un rato. Cuando paraba de orar empezaban de nuevo. Cada vez que alguien venía se alborotaban y era difícil controlarlos. Las burlas hacía mi persona eran crueles. Fue tan difícil no perder el control pero Dios estuvo conmigo. Los chicos se frustraban al ver que no me alteraba con sus burlas. Al final fue necesario llamar a la policía quien terminó arrestando a varios chicos. Todos se sorprendieron de ver el dominio propio en mi persona. La señora al no ser escuchada por la administración acerca de mi fue hasta las oficinas centrales. Nadie le escuchó sus mentiras y todo terminó en paz. Gloria a Dios.

## La ayuda de Dios no tiene límites

No importa cual sea nuestra necesidad siempre podemos recurrir a Dios. Este ejemplo que voy a narrar suena chistoso pero tuvo intervención divina. Mis hijos llevaron cobijas a una casa abandonada y trajeron chinches a mi casa. Los parásitos rápido y silenciosamente tomaron control de toda mi casa sin que nos diéramos cuenta. Cuando finalmente supimos cual era el problema de todas las picaduras que teníamos empezamos a buscar soluciones. Compramos todo tipo de productos para combatirlas. Lavábamos semanalmente todas las cobijas de las camas y de los armarios pero nada parecía tener efecto. Cansada de tanto esfuerzo por exterminar esa plaga decidí recurrir a Dios. La Biblia dice que le demos todos nuestros problemas y ansiedades al

Señor que él alivianará nuestras cargas (1 Pedro 5:6-7). Le dije a mi Dios que le dejaba esa carga y que confiaba en su palabra. Después propuse a mi esposo tomar un fin de semana en la playa con mis hijos y así lo hicimos. Mi hija menor quería un hotel con alberca pero cerca de la playa no los había en esa ciudad. Buscamos en varios hoteles y por fin encontramos uno en el centro de la ciudad alejado de la playa. Decidimos instalarnos allí y salimos a nadar ya un poco tarde. En la alberca se encontraban cuatro personas: una pareja de hombre y mujer y dos muchachos. Los dos señores estaban en el jacuzzi. Nosotros nos metimos también y allí entablamos conversación con ellos. Mientras estábamos en el jacuzzi el teléfono del señor sonó y él se salió para contestarlo. Cuando regresó comentó molesto que tenía que trabajar el día siguiente y era domingo. Yo de curiosa le pregunté que clase de trabajo hacía. Cuando escuché su respuesta supe que Dios lo había puesto en mi camino. Era un exterminador de chinches y trabajaba para ese hotel porque allí también tenían esa plaga. Allí lo contratamos después de acordar un precio bastante económico comparado con las compañías exterminadoras. El módico precio hizo dudar a mi esposo acerca de su efectividad pero yo le pedí que confiara en Dios.

El primer día que vino a mi casa lo recibimos con cordialidad felices por que ya nuestro problema iba a ser resuelto. Yo quise hablarle de Dios por que eso es lo que llena mi corazón pero él me evadió educadamente. Me dijo que era muy religioso y que sabía todo acerca de Dios. Me pidió que me saliera de la casa para poder empezar su trabajo. Regresamos a la casa ocho horas más tarde y no encontramos a los gatos que habíamos dejado en el garaje. Fue muy extraño que se hayan ido porque no los podemos sacar ni a la fuerza. Mis hijas fueron a buscarlos por todo el vecindario y no los encontraron. Estábamos seguros de que habían sido devorados por los coyotes y otros animales que rodean el pueblo. Mis hijas me culpaban a mí por no cerrar la puerta trasera del garaje para acceso al patio. Mientras mis hijas buscaban por los gatos, en la casa mis dos hijos y mi esposo peleaban violentamente por otras razones. La situación en mi casa era caótica y fuera de control. Cuando vi que la situación se volvía peor porque todos gritaban en casa, yo me fui a mi cuarto a orar en busca de ayuda divina. El Señor pronto vino a auxiliarme y me sugirió que hacer. Ungí mis manos con aceite de olivo y empecé a reprender a los espíritus inmundos que habían quitando la paz de mi hogar. Minutos después de la unción fresca en mi casa los gatos volvieron y todo volvió a la normalidad. El exterminador volvió 3 veces más. Cada vez que le quise hablar de Dios me evitó, argumentando que era religioso y que conocía a Dios. Quedó de volver una quinta vez para asegurar que todo había quedado bien limpio pero no hubo quinta vez.

Mi esposo y yo lo llamamos varias veces pero nadie contestaba. Dos semanas después su ex esposa llamó a mi esposo por que había muchas llamadas de ese número. Le preguntó a mi esposo si su ex esposo nos debía dinero. Le informó que José como él se llamaba se había quitado la vida de un tiro en la cabeza. Mi reacción al enterarme fue culparme de no haber hecho el trabajo que Dios me había encomendado. Dios lo puso en mi camino por que él conocía el corazón de ese hombre y no quería que se perdiera. Yo debía predicarle el evangelio que lo salvaría y evitaría tan triste desenlace. Dios no falló a su palabra de ayudarme con mi problema por que mis chinches se acabaron pero yo en cambió quizás pude hacer algo mejor. Debí ser más persistente pero fui débil y fallé. Esto me enseñó una gran lección y me dio el discernimiento para conocer la influencia de espíritus en nuestras vidas. El traía consigo unos espíritus de muerte muy fuertes. La influencia maligna en la casa era tan fuerte que hizo huir a mis gatos por más de seis horas. También causaron que mis hijos se pegaran con lo que encontraban a su paso. Esos espíritus no entraron más a mi casa después de la unción, pero a él lo llevaron a la tumba ajeno al amor de Dios. El categóricamente rechazó a la persona enviada por Dios para llevarle la verdad.

## Dios nos protege en toda situación

En mi trabajo soy propensa a humillaciones y falta de respeto por parte de estudiantes rebeldes. El trabajo de disciplinaria me enfrenta con familias con carácter difícil de tratar. Una mañana la directora me llamó a su oficina para hablar conmigo. Cuando llegué ella hablaba con una estudiante del doceavo grado que estaba a punto de graduarse de la preparatoria. Me invitó a pasar para que oyera la conversación. Durante esa conversación ella habló tres veces del mismo verso bíblico. *"Ninguna arma forjada en contra de nosotros será prosperada"* (Isaías 54:13-17). Ella me llamó para avisarme que los estudiantes planeaban tener una pelea de comida donde tanto ella como yo seríamos el blanco de sus ataques. Yo me enteré de eso pero no tuve miedo. Mientras me paseaba por entre las mesas oraba en silencio y cantaba alabanzas a Dios nuestro Padre. Me paseé por en medio de las mesas como acostumbro hacerlo todos los días en medio de cientos de estudiantes. Vi cuando empezaron a tirar la primera cosa y me le acerqué al muchacho para regañarlo. Estaba hablando con el muchacho cuando dieron un silbido al cual todos respondieron tirando toda la comida unos a otros. Tomó como dos minutos para que tiraran todo y despejaran completamente la cafetería de la escuela. Dejaron el área como un chiquero de puercos. Yo me quedé en medio de la cafetería atónita y sorprendida por que no me pegaron con nada. Vi a otros adultos que supervisaban el área mojados con leche, jugos, salsas, etc., mientras que yo estaba limpia. Estuve en el centro de la pelea y no me tocaron. Después de eso supe que Dios me había advertido del peligro. Además me había asegurado que no me pegarían por que él me iba a proteger aunque trataran. Le di gracias a mi Padre celestial por sus promesas que dicen que nunca nos abandonará (Salmo 42:8). Esa promesa cumplida incrementó mi fe. Me dio la confianza para enfrentarme al mismo demonio sabiendo que el ángel del Señor acampa alrededor de los que le temen (Salmo 34:7).

*Capítulo 8*

# Dios siempre responde a nuestras peticiones

Después de que me moví a otra escuela a trabajar seguí manejando parte del mismo trayecto por un año. Mi hijo quiso terminar su preparatoria en esa escuela y lo tuve que llevar todos los días a tomar el metro. Un día mientras manejaba un anuncio formado por una mano llamó mi atención. Era una psíquica anunciado sus servicios de charlatanería o adivinación. Se encontraba en una zona residencial. En ese momento recordé que la Palabra de Dios dice que él aborrece esas cosas. El celo de Dios me llenó y en ese instante hice una declaración. Proclamé que en el nombre de Jesús de Nazaret ese letrero desaparecería de allí. Todos los días que pasaba por ahí declaraba con fe que ese anunció sería removido y así casi pasó un año. Ya sólo faltaba una semana para la graduación de mi hijo y el letrero aun estaba parado. Yo ya no tendría que pasar por allí, y eso me preocupó por un momento pero volví a orar. El lunes de la última semana tuve una gran sorpresa mientras pasaba por ese lugar. Fue una gran satisfacción ver que no solamente la mano con el letrero había desaparecido sino que la casa estaba completamente demolida.

Fue obvio que la persona que compró ese lugar no estaba de acuerdo con las prácticas paganas de sus anteriores dueños. Hoy en lugar del anuncio ese se encuentra una verde palmera que representa la vida del justo. Esa acción fue un gran testimonio no solamente para mí sino también para mis hijos. Se dieron cuenta del poder de la oración y de la fe en nuestro Señor Jesucristo.

Un día me fui a la montaña buscando la presencia de Dios. Quería estar a solas con el Creador por que sentía un vacío en mi corazón. Sentía que no estaba recibiendo el alimento espiritual que necesitaba. Llegué a la cima de una colina cercana a mi casa y comencé a hablar con Dios. Deseaba que él me hablara como lo hizo con Moisés, Elías y otros personajes de las sagradas Escrituras. Lo único que sucedió es que cuando iba bajando de la montaña Dios me susurró que necesitaba prepararme para algo que él iba a hacer. Regresé a casa con la determinación de empezar un ayuno que fortalecería mi espíritu. Me puse a hacer un ayuno que duró veintiún días, de los cuales siete fueron sin comer nada, sólo tomando líquidos. Los otros catorce comiendo sólo frutas y legumbres. Durante esos días sentía a Dios guiándome en oración. Le pedí cambios drásticos en mi vida. En la primera semana me mandó a hablarles duramente a los líderes de la iglesia donde me congregaba. El mensaje era que debíamos dejar nuestra zona de confort para glorificar a Dios en todo lo que emprendíamos. Les sugerí que debíamos unirnos en ayuno y oración buscando la dirección de Dios para el nuevo año que estaba comenzando. El mensaje no fue bien recibido y a mitad de la semana fui despedida por el pastor. Me dijo que no podía seguir sirviendo como pastor asociado de esa iglesia por que era espiritualmente inmadura. Que temía que por mi culpa se fueran los miembros de la congregación.

Como fui despedida me vi obligada a buscar otro lugar para estudiar con el grupo que enseñaba. Mi grupo de español decidió seguirme y juntos seguimos ayunando. Le pregunté a Dios que donde nos reuniríamos. A los tres días temprano por la mañana el Señor me susurró que tuviéramos la reunión en la escuela donde trabajo. Me sorprendí de la respuesta pero le creí. Durante el camino al trabajo oré para que Dios abriera esa puerta que me había sugerido. Llegué a la escuela y antes de ir a mi oficina pasé a ver la directora para pedirle que me prestara un auditorio. Lo conseguí sin ninguna objeción y ahora nos reunimos semanalmente allí y no tenemos que depender de nadie, ni pagar renta. El Señor trajo esos cambios drásticos que le pedí. Nos envió trabajadores a esta nueva obra y el grupo está creciendo para la honra y la gloria de Dios.

*Capítulo 9*

# Dios sigue enviando Felipes a bautizar gente

Cuando nos entregamos totalmente a Dios, él planea nuestras vidas y nos usa de acuerdo con su plan de salvación. El primero nos equipa y moldea de tal manera que le podamos ser útiles en la misión encomendada. Sin pensarlo me vi organizando un viaje planeado por mi Padre celestial. El viaje tenía citas divinas para cada uno de los doce días del viaje. Cuando mi esposo me preguntó cuantos días duraría en México sin pensarlo le dije doce. Dios también mandó a mi sobrino en este viaje como lo hizo con los apóstoles y con los 72 discípulos. De a dos en dos los enviaba. Satanás quiso evitarlo dañando los aviones para que nosotros no llegáramos a nuestro destino pero no lo logró. No es casualidad que a los dos nos retrasaron los vuelos por muchas horas. Esos contratiempos fueron usados para evangelizar en el aeropuerto y hasta para visitar enfermos en hospitales donde varias personas recibieron a Cristo. La palabra dice que a los que aman a Dios, todas las cosas les ayudan a bien, a los que conforme a su propósito son llamados (Romanos. 8:28). Dios usa a todas las personas y muchas veces nosotros no lo entendemos. Creíamos que íbamos a cierta misión pero no era así. Lo que nosotros creímos que nos llevaba allá era solamente un gancho que nos jaló hacia allá para liberar a otras personas. Después que supe que el avión donde viajaría mi sobrino se retrasaría recibí la llamada de una amiga. Me llamó pidiéndome que visitara a su prima enferma en un hospital de Guadalajara. Hacía varias semanas que ella me había expresado su deseo de que alguien le llevara el evangelio a su prima por que temía que muriera pronto. Jamás pensamos que sería yo. Hice todo lo posible y llegué a verla. Toda la gente a quien preguntaba por el hospital me daba direcciones erróneas que me llevaban a otros hospitales. Finalmente llegué al hospital civil pero el tiempo apremiaba. Debía estar en el aeropuerto en poco más de una hora. En menos de una hora de predicarles ya había tres personas en esa sala del hospital invitando a Cristo a vivir en sus corazones. ¡! Gloria a Dios!!

El viaje de Guadalajara a Zamora se realiza normalmente en dos horas. El Señor quiso que lloviera en el camino y nos tardamos más de cuatro horas. La lluvia sirvió para darnos más tiempo de llevarle el mensaje de salvación a mi familia. Dos días más tarde mi hermana quiso ser bautizada para demostrar a Dios su obediencia y así recibir los dones del Espíritu Santo. En otro pueblo el agua de un río disminuyó para que mi sobrina fuera bautizada en sus aguas. Dos días antes pasamos por ese arroyo que nos invitó a regresar para disfrutar de sus cristalinas aguas. Cuando volvimos el arroyo no fue atractivo para las personas que fueron con nosotras. Toda la familia que estaba con nosotros desistió de acompañarnos a ese río y se fueron a la playa. Sólo tenía una piletita que permitió que el bautizo se llevara a cabo. Si la familia hubiera estado presente no se hubiera realizado el bautismo en ese día debido a su incredulidad. Así fuimos de gloria en gloria y de victoria en victoria predicando el evangelio y bautizando gente en el nombre del Padre, del Hijo y del Espíritu Santo. Muchas personas recibieron el evangelio y cinco fueron bautizados en ese pequeño viaje. Esas personas bautizadas serán las pioneras para traer la verdad a ese pueblo. El Espíritu de Dios las va a equipar para la gran obra de evangelización en todos los rincones de la tierra. La palabra de Dios dice que después del bautismo de arrepentimiento recibiríamos los dones del Espíritu Santo (Hechos 2:38).

En mis oraciones le pedí a Dios que me diera oportunidades de servirle. Junto con un pequeño grupo de personas decidimos ponernos en ayuno y oración por siete días para recibir dirección de Dios. Al final de esa semana el Señor nos abrió una gran puerta. Fuimos invitados a visitar hospitales de convalecencia. El primer día que visité uno de ellos me pidieron que compartiera unas palabras con los pacientes. Sin estar preparada me paré en frente y claramente sentí como el Señor puso las palabras en mi boca. Sin pensarlo ya estaba exhortando a los enfermos a invitar a Cristo a sus corazones. Ahora cada vez que visito esos lugares me deleito de ver cuantas personas piden que Cristo sea su Dios y Salvador. La palabra dice que los campos están blancos, las cosechas están listas y que se necesitan más obreros para recoger toda la fruta. Cada semana el Señor nos da un banquete en cada hospital que visitamos. Todos los días los enfermos reciben a Cristo y allí mismo los bautizamos siguiendo el ejemplo de la iglesia primitiva narrada en el libro de los Hechos. Después les imponemos las manos orando a Dios que les de los dones espirituales que él quiera darles (Hechos 2:38).

## Dios nos revela sus planes

Cuando buscaba una iglesia donde me enseñaran a conocer a Dios más profundamente, el Señor me mandó a una iglesia Cristiana. Por casi tres años asistí a esa congregación donde aprendí a leer las

Escrituras y a hablar con Dios. Dios me bautizó con su Santo Espíritu y con mucho fuego lo cual permitió que yo creciera espiritualmente más rápido que otras personas. Llegó el día en que ya no me satisfacía espiritualmente hablando en esa congregación. Por ese tiempo Dios me levantaba en la madrugada a orar. Un día me pidió que orara por un avivamiento en esa iglesia. Oré por varias semanas y luego le mandé un correo electrónico al pastor. Le explicaba que Dios iba a traer un avivamiento espiritual a esa iglesia si hacíamos lo que él pedía. El deseaba ver más adoración en el santuario. Quería que la congregación lo adorara libremente en espíritu y en verdad con cantos y danzas. El pastor me dijo que presentara la idea al concilio encargado de tomar decisiones en la iglesia. La presenté pero me dijeron que eso tenía que esperar por que había cosas más importantes que hacer en esos días. Unas semanas después de presentar la idea de más adoración, casi todos los hombres de la congregación se fueron a un retiro espiritual por un fin de semana. El domingo mientras oraba en la iglesia con personas del ministerio de oración, tuve un encuentro especial con Dios. El Señor me reveló que se iba a manifestar en ese santuario como nunca lo habían sentido. Le pedí confirmación a Dios de ese mensaje recibido. Le sugerí que una compañera del grupo de oración me tomara de la mano mientras orábamos como confirmación de esa revelación. Caminé hasta donde se encontraba la muchacha y me quedé cercas de ella orando. Ella me vio, vino hacia mí, me tomó de la mano y juntas oramos por un avivamiento.

Después que se terminó la oración nos fuimos al santuario para escuchar el sermón de ese día. Cuando llegué al santuario me di cuenta que no había pastor ese día y por lo tanto no había sermón. Me puse de rodillas y empecé a orar mientras el grupo de alabanzas empezó a cantar. Por más de una hora estuvieron tocando instrumentos y alabando a Dios con himnos y cantos. La esposa del pastor se sentó al piano para cantar la última canción mientras yo seguía de rodillas esperando la promesa de Dios. A medias de la última canción la esposa del pastor comenzó a llorar y no pudo seguir cantando. Se paró de su lugar muy emocionada y empezó a pedirle a la congregación que compartieran sus testimonios. La gente se paraba por todos lados del santuario dando testimonios y llorando. Unas personas confesaron públicamente pecados que jamás se habían atrevido a confesar a nadie. Los jóvenes lloraban y preguntaban si eso era un avivamiento. La presencia de Dios se sentía tan fuerte que todos los ojos estaban húmedos ese día en el santuario. Cuando el éxtasis había pasado se termino el servicio. La gente no se quería ir por que querían comentar lo sucedido. Se miraban los unos a los otros sorprendidos y emocionados. Me levanté del suelo y caminé hacia la compañera que tomó mis manos durante la oración. Ella se encontraba al otro lado del santuario. Al llegar hasta ella una fuerza enorme me sacudió al mismo tiempo que un temor se apoderó de mí. Corrí y me abracé de ella tratando de esconderme atrás de su cuerpo por que me sentía indigna y sucia. La pureza de Dios resalta nuestras fallas y las mías fueron descubiertas ese día.

En ese día en que sólo hubo alabanza y adoración en el santuario Dios estaba confirmándonos que eso es lo que él deseaba. Dios además les estaba demostrando a los líderes que no era solamente mi idea sino la de él. La próxima vez que vi al pastor le recordé acerca de extender el servicio de adoración y alabanza. Le expliqué que Dios lo había confirmado el día que él no estuvo. Lo reté a preguntarle a la congregación que estuvo presente el día del avivamiento y también a su esposa. El me dijo que yo no tenía que decirle que debía hacer. Dijo con arrogancia que Dios también se comunicaba con él. Desde ese día el pastor me evadía y yo empecé a sentirme incomoda. En esos días muchos miembros de la congregación empezaron a irse a otras congregaciones y la tensión en ese lugar era fuerte. Mi esposo y yo comenzamos a hablar acerca de movernos a otra iglesia pero no sabíamos a cual ir. Empecé a orar para que Dios nos dijera a cual escoger de dos posibles prospectas. El Señor me mandó a otra iglesia de la misma denominación a través de un sueño. En el sueño Dios me despidió de la iglesia anterior y me liberó para ir a otra. Mi esposo y mis hijas cuando vieron que era en serio la mudanza se echaron para atrás y siguieron yendo a la misma iglesia que íbamos. Yo le pedí al Señor que los liberara a ellos también si él me estaba moviendo a mí. Dios como siempre tan sabio no tardó en hacerlo. Le mandé una carta al antiguo pastor agradeciéndole por todo lo que aprendí en esa iglesia y le expliqué que Dios me había movido a otra. Este correo a diferencia de otros que anteriormente le envié, fue contestado rápidamente. En él me ofendió mucho hablando de mis errores y mis faltas las cuales le conté en confidencia. Me culpó de muchas cosas injustamente. También me recomendó mal con mi nuevo pastor. Esta carta sirvió para liberar a mi esposo y a mis hijas de aquella iglesia. Una vez más Dios estaba demostrando que él trabaja en todo para el bien de los que lo amamos. Independientemente de la mala recomendación al mes fui nombrada Pastor Asociado al cargo del ministerio en español por el concilio de la nueva iglesia.

*Capítulo 10*

# Los falsos maestros

*Pero hubo también falsos profetas entre el pueblo, como habrá entre vosotros falsos maestros, que introducirán encubiertamente herejías destructoras, y aun negarán al Señor que los rescató, atrayendo sobre sí mismos destrucción repentina. Y muchos seguirán sus caminos perniciosos, y por causa de ellos el camino de la verdad será blasfemado; y por avaricia harán mercadería de vosotros con palabras fingidas, sobre los cuales la condenación ya de largo tiempo no se tarda, y su perdición no se duerme.* (2 Pedro 2:1-3)

Los falsos profetas y maestros son un peligro para la iglesia actual. Estos falsos maestros por lo general conocen la verdad, pero mienten deliberadamente por que así conviene a sus intereses. Entre sus intereses se destacan el dinero, la fama, el egoísmo y los deseos agradar a la gente. En la actualidad la mayoría de la iglesias enseñan lo que la gente quiere oír como lo dicen las sagradas Escrituras *"Porque vendrá tiempo cuando ni sufrirán la sana doctrina; antes, teniendo comezón de oír, se amontonarán maestros conforme á sus concupiscencias, y apartarán de la verdad el oído y se volverán á las fábulas* (2 Tim 4:3-4). No les dicen la verdad por temor de que se molesten y no vuelvan. La levadura de los fariseos en estos tiempos se ha mezclado con el pan de vida que es la Palabra de Dios.

Comercian y se lucran con las cosas de Dios. Hay cientos de doctrinas falsas que se presentan disfrazadas y les hacen creer a la gente que con ir a la iglesia cada semana y dar un poco de ofrenda serán salvos. Jesús dijo que vendrían lobos disfrazados de ovejas. Con palabras vanas engañan a la gente la cual les confía a sus hijos que terminan siendo violados. Viven pidiendo dinero para expander el reino de Dios pero en realidad lo que están expandiendo es el reino de las tinieblas.

*También debes saber esto: que en los postreros días vendrán tiempos peligrosos, porque habrá hombres amadores de si mismos, avaros, vanagloriosos, soberbios, blasfemos, desobedientes a los padres, ingratos, impíos, sin afecto natural, implacables, calumniadores, intemperantes, crueles, aborrecedores de lo bueno, traidores, impetuosos, infatuosos, amadores de los deleites más que de Dios, que tendrán apariencia de piedad pero negarían la eficacia de ella; a estos evita.* (2da de Timoteo 3:1-5)

En estos momentos estamos viviendo en los postreros días a que se refieren las Escrituras por que la gente en la actualidad se describe en el pasaje de arriba. Debemos estar bien alertas para no ser confundidos por esos hombres con apariencia de piedad. Hay que asegurarnos de que la doctrina que seguimos sea guiada por la Palabra de Dios, y que el Espíritu Santo nos enseñe para poder entenderla. Además debemos saber que todas las profecías están escritas en las sagradas Escrituras. Dios terminó todas sus obras en el día sexto. Si no están ahí no vienen de Dios porque la Biblia es el único libro inspirado completamente por Dios. Lo que quiero decir con esta afirmación es que las apariciones de vírgenes y otras imágenes no vienen de Dios por que no se mencionan en las sagradas Escrituras. Tanto el Antiguo como el Nuevo Testamento nos advierten de no hacernos otros dioses ni ninguna imagen para adorarlas (Éxodo 20:4). ¿Quién cree usted que está por detrás de toda la idolatría y engaños? Si no es Dios, obviamente es el diablo porque sólo existe el bien y el mal. Sí, el diablo está apurado dando sus últimos golpes porque claramente sabe que su tiempo se le está terminando. Es por eso que en esta época hay una fiebre de milagros falsos y apariciones hasta en las tortillas. Escrito también está que el demonio puede disfrazarse de ángel de luz para seguir engañando a la gente (2 Cor. 11:14). Lo curioso de esto es que el diablo no quiere que nosotros leamos las sagradas Escrituras para que sigamos ignorando la verdad, pero él bien que las lee. El demonio se sabe de memoria las Palabra de Dios de lo contrario no actuaría de la manera en que lo hace. Si no me creen a mi por lo menos imiten al demonio y léanlas por curiosidad. La verdad está basada únicamente en la Palabra de Dios y es revelada a nosotros por su Santo Espíritu. Todo el que proclama a Cristo como Señor y Salvador y vive en obediencia a su palabra es verdadero. Hay cientos de religiones y doctrinas falsas pero la Biblia habla de dos particularmente. Las religiones que prohíben casarse y las que prohíben comer ciertos alimentos son doctrinas del demonio (1Tim. 4:2-3). Asegurémonos de no ser parte de ellas.

Nosotros tenemos dos revelaciones de Dios para nuestro crecimiento espiritual. Una revelación es viva o sea nuestro Señor Jesucristo. El es Dios mismo pero se hizo hombre para vivir entre nosotros y traernos el mensaje de salvación (Juan 1:14). El vivió con nosotros hasta completar su misión en la tierra. Vino a quitar el pecado del mundo para darnos la opción de vivir eternamente. Vino a decirnos que Dios nos ama y que desea relacionarse con nosotros. El nos demostró su amor al entregarse asimismo para ser sacrificado en la cruz del calvario. La otra revelación es escrita y se nos presenta a través de la Biblia la cual fue escrita por inspiración divina. El

Espíritu Santo les dictó todo lo que había de escribirse. En ella existe todo lo que necesitamos saber para poder tener una vida digna en el mundo. Leyendo las sagradas Escrituras podemos aprender las claves para ganar el pase a la eternidad con Dios. La Biblia dice que: "toda *escritura en este libro es inspirada por Dios y útil para enseñar, para reprender, para corregir y para instruir en justicia*" (2 Timoteo 3:16). Así como hay un sólo Dios también hay un solo libro sagrado y un sólo camino a la salvación. La Biblia claramente lo dice que Jesucristo es nuestro único Salvador. Que no hay otro nombre dado a los hombres por el cual podamos ser salvos (Hechos 4: 12). Sólo existe un mediador entre Dios y nosotros y ese es nuestro Señor Jesucristo (1 Tim. 2:5). La virgen María no es la mediadora como muchos lo creen. Esto contradice las sagradas Escrituras y estaríamos llamando mentiroso al Espíritu Santo. Debemos tener demasiado cuidado aquí. Blasfemar al Espíritu Santo es el único pecado que no tiene perdón (Mateo 12:31-32).

En mi pueblo cuando yo era una niña nadie tenía Biblia porque era prohibido leerla por la iglesia Católica. Los sacerdotes jamás les aconsejaban a sus feligreses que la leyeran. En la misa sólo se leían fragmentos de las cartas del apóstol Pablo a ciertas iglesias y el resto de la Biblia se desconocía. Mi hermana me dijo un día que no es necesario leer la Biblia porque el sacerdote enseña todo acerca de ella. Ella también me expresó que si no somos católicos no podemos ser salvos. Ella tiene un libro distribuido por esa iglesia que llama malditas a todas las religiones que difieren del catolicismo. En cambio la Biblia dice lo siguiente: "*Como antes hemos dicho, también ahora lo repito: Si algún hombre os predica diferente evangelio del que habéis recibido, sea anatema*" (Gal. 1: 9). Pablo escribió largas cartas que encierran todo lo que un cristiano debe hacer para agradar a Cristo. Sin leerlas no sabemos como quiere Dios que vivamos. En una ocasión mi hermana hasta tuvo la osadía de decirme que rompiera el Libro sagrado cuando le aconsejé que desechara sus estatuas e imágenes a los que les tiene un altar en su casa. Su respuesta obviamente contradice lo que las sagradas Escrituras dicen y por lo tanto no es la verdad. El que lo dude que lo lea en los siguientes libros: (Hechos 4:11-14, Éxodo 20:4-6 y Salmo 115:3-8). Cada persona es responsable de su propia salvación. Aunque la persona que engaña lleva una gran responsabilidad sobre su cabeza; también es verdad que él engañado no se salva cuando rechaza la sana doctrina. Mi papá me dijo que yo debería seguir la religión que ellos me enseñaron aunque estuviéramos engañados. El sacerdote del pueblo le dice que yo me voy a volver loca muy pronto si sigo leyendo la Biblia. Me causa pena escuchar a la gente hablar de esa manera. Ellos para otras cosas no siguen exactamente lo que se les ha inculcado por sus padres. Hacen sólo lo que les conviene. Hablaba como si el infierno fuera cualquier cosa. No hay sufrimiento peor ni lo habrá que se pueda comparar con ese tormento. Dios nos muestra un ejemplo de los tormentos del infierno a través del hombre rico. El le pide a Lázaro, un mendigo, que le moje su lengua con uno de sus sucios dedos para calmar esa gran sed (Lucas 16:19-31). Dios desea que todos tengamos vida eterna. Yo no quiero ir allá y voy a luchar contra todo y contra todos para asegurarme un lugar en el cielo con mi Padre celestial al que amo con todo mi corazón. No solamente voy a luchar por la salvación para mí sino también para toda mi familia y amigos. Aunque en ello se me vaya la vida.

## Los tormentos del infierno

*Porque Topheth ya de tiempo está diputada y aparejada para el rey, profunda y ancha; cuyo foco es de fuego, y mucha leña; el soplo de Jehová, como torrente de azufre, la enciende* (Isaias 30:33)

Las sagradas Escrituras mencionan el infierno en diferentes libros y dice que no fue creado para la gente sino para el diablo y sus ángeles. Dios no quiere que nadie vaya a ese lugar de tormento donde una hoguera arde desde hace mucho tiempo. Eso nos da una idea que tan caliente debe estar. ¿Después de enterarse de esto todavía se arriesgaría a seguir ignorando la verdad? Quizá se pregunte ¿y ella como lo sabe? Si Dios dijo que ese lugar no era para los humanos por algo lo dijo. Segundo porque Dios en su infinito amor nos está descubriendo sus misterios para asegurarse que sus hijos no vayan a ese lugar. Muchas personas han regresado de la muerte contando historias horripilantes que describen el infierno. Dios nos revela lo que él quiere que sepamos. El lo ha hecho desde los tiempos antiguos en el Viejo Testamento y también cuando les reveló tantas cosas a los apóstoles (Juan 16:13-14). La Biblia dice que en los tiempos postreros habrá jóvenes profetizando. Los viejos tendrían sueños donde Dios les revelaría lo por venir y nada de eso es extraño hoy en día (Hechos 2:17-18). Todas las profecías ya están escritas y Dios las está confirmando. Nos está advirtiendo del peligro de morir sin conocerlo. Nos está avisando que estamos viviendo los postreros días de los que antes se hablaba a través de los profetas.

Hace poco leí un libro donde una persona fue llevada por Dios en espíritu hasta ese horrible lugar llamado infierno. Dios mismo lo bloqueo para que no sufriera tanto y de esa manera pudiera observar todo lo que allí había. Su experiencia fue traumática y cuenta que cuando regresó estaba en un estado de shock total. El nunca hubiera podido salir del shock sin la ayuda de Dios por la terrible experiencia vivida. Dios le dio instrucciones de ir por el mundo dando testimonio de lo que vio y experimentó de primera mano. Cuando leí ese libro inmediatamente me identifique con él. Yo inmediatamente supe que era necesario compartir ese libro y rápidamente lo leí para pasárselo a otras personas. También supe de otras personas que fueron a la tienda a comprar varios para regalarlos. El sufrimiento en ese lugar no se le desea a nadie y hay que tratar de evitarlo a toda costa. Además los que amamos a Jesús debemos cuidar de sus ovejas como nuestra prueba de amor hacia él. Al compartirnos esta revelación nos está previniendo de algo verdaderamente terrible (Juan 21:15-25).

*Capítulo 11*

# Dios nos habla de varias maneras

*"En el principio era el Verbo, y el Verbo era con Dios, y el Verbo era Dios"* (Juan 1:1).

Cuando leemos esta cita bíblica podemos concluir que lo que Juan quiere decir es que Dios desea hablar y comunicarnos sus pensamientos. Al usar el término de "Verbo" para referirse al Hijo de Dios Juan nos está diciendo que Jesús es acción y no sustantivo. Dios está siempre trabajando, así dijo Jesús a los fariseos que lo criticaban por curar en sábado. Sus atributos y sus obras son sus nombres. Jehová pastor, Jehová sanador, Jehová proveedor, salvador etc. Cuando el Señor quiere decirnos algo, él siempre encuentra la manera de hacerlo. El Señor nuestro Dios usa varias formas para comunicarse con nosotros. A él le gusta susurrarnos al oído pero nuestras rutinas diarias y nuestros pecados nos limitan a escuchar su voz. El nos habla también a través de las sagradas Escrituras. Usa experiencias y testimonios para romper cadenas que nos atan al mundo. El Verbo quiere decirnos que está cerca de nosotros para ayudarnos y protegernos en todo momento.

Dios desea hablar con los seres que ha creado a su semejanza. A través de toda la Biblia podemos ver que Dios nos habla. No sólo que ha hablado, sino que nos está hablando cada vez que abrimos el sagrado Libro. La voz de Dios es viva, libre y sin limites de tiempo o espacio. Dios dijo "Las palabras que Yo os he hablado, son espíritu y son vida" (Juan 6:63). La vida está en las palabras habladas. Es por eso que nosotros debemos decretar las promesas de Dios en nuestras vidas y las de nuestras familias con fe. El habla continuamente por medio de la naturaleza; el mundo está lleno de su voz. Ha creado un balance perfecto. Hizo a los árboles para que purifiquen el oxígeno que el hombre respira. Hay una interdependencia entre ambos, el hombre respira lo que los árboles exhalan y los árboles respiran lo que el hombre exhala. El hombre exhala monóxido de carbono y los árboles lo absorben. Dios dice en su palabra que no tenemos excusa de no conocerlo (Romanos 1:20).

Debemos reconocer la voz de Dios que nos está hablando diariamente. Todo lo que nos pasa es orquestado por Dios quien está en control del mundo. En el principio Dios dijo que se hiciera el mundo, y fue hecho con todos sus elementos. La Palabra de Dios es el aliento divino, que llena todo con potencia viva. La voz de Dios es la energía más poderosa del universo. Toda energía es derivada de lo que Dios dijo. Incluso la Biblia misma tiene esa energía encerrada en sus páginas. Cuando nosotros la abrimos y la leemos Dios nos esta hablando con el poder de su Palabra. Muchas veces mientras leemos claramente sentimos que ciertos mensajes van directamente dirigidos a nosotros. Cuando tenemos dudas de algo y penas encontramos la respuesta a esa duda o el consuelo a nuestra pena. Algunas veces el Señor nos habla a través de personas cercanas a nosotros o a través de los medios de comunicación. Otras veces manda a sus ángeles a darnos mensajes y hay ocasiones en que nos habla directamente y platica con nosotros.

Dios nuestro padre celestial se ha manifestado a muchas personas a través de los tiempos. El habló con Abraham de hombre a hombre, con Moisés se manifestaba en una montaña encendida. Los Israelitas veían una nube que los guiaba de día y de noche era una pilar encendido. Ellos mismos vieron grandes prodigios como el poder cruzar por en medio del mar Rojo y por el río Jordan. El agua salía de las rocas cuando ellos la necesitaban y el maná bajaba del cielo para alimentarlos durante su éxodo a la tierra prometida. A los profetas Isaías, Jeremías, Ezequiel, Daniel y a muchos otros les reveló el misterio de la salvación y además las cosas que pasarían antes del fin. Cuando Jacob bendijo y profetizó para sus hijos, él mismo tuvo revelaciones divinas acerca de ellos. Las profecías acerca de Josué y Judá dos hijos de Jacob se cumplieron las dos en su tiempo de acuerdo con las sagradas Escrituras. Conociendo a nuestro Padre celestial estoy segura de que las de los otros hijos también se cumplieron pero no hay record de eso y por lo tanto no lo menciono. Josué salvó a su familia y a su pueblo de la hambruna por que Dios le reveló en un sueño lo que había de venir. Dios también le dio sabiduría y todos los medios para poder satisfacer las necesidades del pueblo de Egipto. Josué los salvó de morir de hambre o sea que les dio la salvación del cuerpo. A Judá le dijo que nunca le quitarían el cetro, la corona ni la ley de sus pies hasta que viniera él que merece todo los tributos del universo entero. Este no es ni más ni menos que Jesucristo. Jesús es descendiente de la tribu de Judá y el Señor nuestro Dios lo reveló miles de años antes de su venida (Gen.49:9 12).

Yo quiero humildemente compartir también mis experiencias sólo para confirmar lo que Dios le dijo a los profetas acerca de los tiempos postreros. Además para darle a Dios la gloria que se merece. Escrito está que en los últimos tiempos los jóvenes profetizarían y los ancianos tendrían sueños y visiones. Dios revelaría sus misterios para beneficio de la humanidad. El Señor Jesucristo ha sido muy generoso conmigo una pecadora de las peores que hayan existido. He ofendido a mi Padre celestial grandemente. El en su infinito amor me ha perdonado todas mis ofensas y me ha permitido llamarlo Padre. La Biblia dice que el corazón agradecido recibe revelación de Dios quien nos da poder y sabiduría (Daniel. 2:23). La razón por la que quiero compartir esto es por que esa es la voluntad de mi Padre. Todo propósito de Dios es para beneficiar a sus hijos. Cuando Dios nos revela sus misterios es porque quiere que los compartamos con otros para edificación de su iglesia (2 Pedro 1:20).

## Dios hace claro nuestro llamado

Todos fuimos creados con un propósito y cuando estamos listos para escuchar la voz de Dios él nos lo revela. Para poder escucharlo debemos creer que existe y buscarlo. Fue un sábado o domingo antes de levantarme. Mientras estaba acostada media despierta escuché algo que me confundió por varios meses. Escuchaba ruidos de mucha gente reunida así como en una feria. También oía cuando un señor les decía algo a cada una de las personas que estaban formadas esperando su turno para algo. Por unos momentos estuve escuchando como a cada persona se le encomendaba algo. Después de unos instantes me di cuenta que yo también estaba en esa fila porque también a mi me tocó un turno. La voz de un hombre viejo me dijo algo que como antes lo dije me confundió mucho. Su voz era fuerte y me habló en inglés con un pequeño acento al pronunciar mi nombre. Me dijo "María you have a big back up". Yo me preguntaba quien me había dicho eso. Nunca antes había escuchado que Dios hablara a la gente de esta época como lo hacía en tiempos antiguos. Pasaron meses antes de que yo supiera que fue mi Padre celestial quien me había hablado por mi nombre. Lo supe y ahora entiendo porque me lo dijo en inglés y no en español. El utilizó a una amiga para que me hablara del evangelio y ella no habla mucho español. El Señor quiso que ella me ayudara a entender quien me había hablado. Cuando yo le platiqué acerca de lo que había escuchado ella rápidamente me dijo que fue el Señor de lo ejércitos.

Después de eso seguía otra pregunta. ¿Qué me querría decir? Yo empecé a preguntarle a él directamente que me dijera que me quiso decir y por qué. Un día leyendo las Escrituras encontré la respuesta que buscaba. En el libro del profeta Isaías dice que él mandó a sus consagrados y también llamó a sus valientes para el día de su ira, a los que se alegran con su gloria y continúa diciendo lo que yo escuché. *"Estruendo de multitud en los montes como de mucho pueblo y naciones reunidas es Jehová de los ejércitos que pasa revista a sus tropas para la batalla"* (Isa. 13:3-4). Lo que Dios me dijo en inglés traducido al español quiere decir que tengo un gran apoyo. Yo entendí que me estaba diciendo que soy una guerrera y que me está llamando para pelear en la batalla final, o el día de su ira. El mensaje aquí parece indicar que el día de su ira está cerca. Dios está llamando a gente valiente que se atreva a pelear contra el enemigo para conseguir la salvación de muchas almas antes de que sea demasiado tarde. Ojalá que yo pueda cumplir con el propósito para el cual fui llamada. Lo que más deseo en el mundo es poder cuidar de las ovejas de mi padre y hacer siempre su voluntad.

Tres años más tarde a través de un sueño el Señor me dio otro mensaje que revela que la ira de Dios viene sobre el mundo. Me mostró una tienda trasparente llena de personas adorando a Dios. Todos ellos llevaban vestiduras color naranja como las de los monjes tibetanos. Había gente de todas las edades y razas. Yo estaba entre los asistentes de ese templo en el cual también había reporteras famosas. Un hombre pasó al altar y dijo que iban a cantar un himno sacado del libro del profeta Isaías. Abrí mi Biblia y busqué ese cántico para ser participe de la adoración. Había mucha gente alrededor de la tienda transparente. Por la mañana cuando me desperté recordé el sueño pero no recordaba la cita bíblica. Le pedí al Señor que me recordara esa cita. Al abrir la Biblia la encontré y dice así: Entren a sus aposentos y cierren la puerta tras de si; escóndanse por un poco de tiempo mientras pasa la ira de Dios. Dice que el Señor ha dejado su trono para venir a castigar a los pecadores (Isaías 26:20-21). Yo entiendo que la tienda trasparente significa una barrera invisible que nos separa del mundo. Pienso que Dios quiere que vivamos una vida parecida a la de los monjes pero sin aislarnos del mundo para poder compartirles el evangelio. Que alabemos a Dios enfrente de la gente para que nos vean y lo conozcan. En su palabra nos está diciendo claramente que cerremos nuestras puertas a las cosas mundanas para ser librados de la hora de la prueba que viene sobre el mundo para probar a sus moradores (Apocalipsis 3:10).

En otra ocasión mientras dormía escuché que alguien le decía a otra persona "ella es honesta, ella es honesta" refiriéndose a mi. Yo siento que mi Dios mismo me da el discernimiento para entender sus mensajes. Por la mañana cuando me levanté estuve pensando por que dijo eso y a quien se lo dijo. Después supe que se lo estaba diciendo a Satanás que me estaba acusando de hacer cosas indebidas. Satanás siempre nos está acusando con Dios pero el Espíritu Santo escudriña nuestros corazones y sabe si somos sinceros o no. ¿Por que lo dijo dos veces? En las Escrituras Jesús siempre repite dos veces algo que es necesario afirmar. Me siento tan afortunada de ser tan amada por Dios. Pero él así nos ama a todos sus hijos. Recientemente volví a escuchar la misma voz. Mientras dormía escuché que me dijo que mi vida iba ser pacífica como la de Josué a pesar de mis hijos. La vida de Josué estuvo totalmente guiada por el Espíritu Santo quien siempre lo llevaba de la mano y eso es lo que yo más deseo. Yahvé Dios lo eligió sucesor de Moisés y éste lo reconoció como tal. Además, Josué fue encargado de repartir la tierra juntamente con Eleazar hijo de Aaron (Números 27:18-23). Al morir Moisés, Dios renovó a Josué la promesa de la tierra de Canaán, que Josué debía conquistar. Ordenó atravesar el río Jordán, cuyas aguas fueron detenidas por Yahvé mientras el Arca del pacto se encontraba en el lecho del río (Josue 3). Josué venció a una alianza de cinco reyes amorreos. Ellos pretendían atacar a los gabaonitas que ayudaban a los israelitas donde Dios hizo que el sol se "detuviera" en el cielo (Josue 10:13). Josue y su pueblo sirvieron al Señor por varias generaciones y esa es mi meta. Quiero ayudar a la gente a cruzar hacia la Nueva Jerusalén.

## Las guerras espirituales

*Porque nuestra lucha no es contra sangre y carne, sino contra principados, contra potestades, contra los poderes de este mundo de tinieblas, contra las huestes espirituales de maldad en las regiones celestiales* (Efesios 6:12)

En el tiempo de Josue las guerras eran literales o físicas para llegar a la tierra prometida. Tenían que enfrentarse a siete tribus paganas que vivían en la tierra prometida. Nosotros ahora tenemos guerras espirituales para poder llegar al cielo. Debemos luchar contra todo tipo de demonios entre los cuales sobresalen los demonios de religión, fornicación, idolatría, pornografía, amor al dinero y al mundo. Todos los días enfrentamos al maligno cuando tratamos de llevar la verdad a nuestras familias y conocidos. En estos momentos de mi vida he sufrido mucha persecución porque decidí seguir a Cristo. En la iglesia, en el trabajo y hasta en mi propia casa soy vituperada. Mi papá y mis hermanos me maltratan y juzgan de loca por que leo la Biblia. Se que un día no muy tarde mi Padre les va quitar la venda de los ojos y todos verán la luz. Sé que ellos también van a conocer la verdad y van a amar a Dios como él se merece. Yo he aprendido que aun en los momentos más oscuros de nuestra existencia el Señor nos da paz y consuelo. El venda nuestras heridas y cuando menos lo pensamos ya están sanadas. Dios promete en su Palabra ayudarnos siempre como lo vemos en la siguiente cita: *"Clama a mí, y yo te responderé, y te enseñaré cosas grandes y ocultas que tú no conoces"* (Jeremías 33:3).

Mi vida no es fácil pues tengo cuatro hijos muy especiales. Trato de ser una buena madre pero es difícil competir con todas las tentaciones a las que son expuestos nuestros hijos diariamente. Las escuelas y la sociedad en general están llenas de peligros. Las drogas abundan y los antros de vicio se han multiplicado. Si no fuera por la fe que yo tengo en mi señor Jesucristo todos los días estaría muriéndome de miedo y preocupación. Gracias a mi Dios en lugar de corazón tengo una piedra. Lo único que puedo hacer es orar a mi Padre santo para que los proteja, me los encamine en su verdad y confiar en sus promesas. La Palabra dice que no ganamos nada con preocuparnos. Sólo debemos dejarle nuestras batallas al Señor pues él dijo que las pelearía. Así como llevó a Josué de la mano de victoria en victoria también nos llevará a nosotros si confiamos en él. Debo reconocer que a veces hasta risa me causa ver que responde hasta cuando no le hablamos, con mucha más razón cuando le hablamos. El es tan hermoso que no tengo palabras para agradecerle todo lo que hace por mi familia y por mí todos los días. Veo su mano en todo lo que tiene que ver conmigo diariamente. El hace mi vida mucho más fácil. Cuando era maestra el planeaba mis lecciones y enseñaba mis clases. En mi trabajo actual como decano veo su apoyo incondicional diariamente. Con su ayuda me evita muchos dolores de cabeza ya que la juventud de estos días es muy difícil de comprender por más que nos esforzamos. Los estudios bíblicos que organizo son dirigidos por él al igual que mi vida.

Dios siempre está tratando de agradarnos a nosotros aunque no lo merezcamos. Uno de mis hijos ha sido confundido y niega que Dios exista. Enérgicamente alega su filosofía con respecto a la vida. Muchas veces se expresa muy duro acerca de nuestro Creador. Dios sabe que mi hijo habla en ignorancia y no lo toma en cuenta. Cuando mi hijo empieza a agredirme se pone oscuro de coraje. Es obvio que Satanás le está usando para blasfemar en contra de Dios. Solamente lo escucho con mis manos en alto y en pocos minutos su semblante cambia y se le olvida lo que estaba diciendo. Siempre que él habla mal de mi Padre celestial yo pido a Dios perdón por él. Reprendo a las fuerzas del mal que lo usan para blasfemar en contra de Dios. Cuando el maligno se aleja; él se trasforma en un muchacho dulce. Hace un tiempo después de su rutinario desacuerdo conmigo me sorprendió por lo que dijo. Expresó que sí cree en Dios y que se los dice a sus amigos. Reconoció que no le ha pasado nada malo porque su mamá le pide a Dios que lo proteja. También dijo que mientras está trabajando me oye orar o tiene visiones donde me ve hincada orando. Dios en su infinito amor le revela el poder de la oración y cuanto lo ama. Ayer me dijo que prefería morir antes que leer este libro y lo repitió varias veces con odio. Le pedí que saliera de mi recamara y volví a orar por él. A los pocos minutos regresó a decirme que si lo iba a leer. Su oposición en contra de este libro me animó más aun a terminarlo y a publicarlo. Me di cuenta que Satanás tiene mucho interés en que no se termine para que la gente no lo lea. Ya me hizo una jugada en México donde lo imprimieron totalmente erróneo, pero eso contribuyó a mi deseo de publicarlo cueste lo que cueste.

*Capítulo 12*

# Dios abre y cierra puertas

*El viento sopla de donde quiere, y oyes su sonido; mas ni sabes de dónde viene, ni a dónde va; así es todo aquel que es nacido del Espíritu* (Juan 3:8).

Dios me movió a otra escuela porque quería que abriera un club Cristiano en ese plantel. Yo estaba muy a gusto en mi otra escuela pero como sierva del Señor debo de aceptar su voluntad y hacer todo lo que me encomiende. Quería empezar un club durante el recreo de los estudiantes pero no sabía como empezarlo. El se encargó de todo y me mandó a los muchachos. Empezó con seis y dos meses más tarde ya tenía más de treinta muchachos que venían dos veces por semana a conocer la palabra del Señor. El poder servir al Dios vivo que murió por nosotros me da una gran satisfacción. El Señor mandó a muchas personas adultas y jóvenes y el club se expandió. El diablo celoso de que adoráramos a Dios en ese lugar no tardó en meter su pata. Empezamos a ver envidias y vinieron personas con doctrinas erróneas lo cual nos preocupó a los fundadores del club. Los chicos ya no eran exhortados a predicar la palabra, sino al contrario eran desanimados o criticados por los adultos. Yo que era la patrocinadora fui remplazada por una persona a la que yo invité a participar. Preocupados por lo que estaba sucediendo mis chicos y yo empezamos a orar y ayunar para pedir a Dios por dirección. Cuando salimos de la última reunión a la que asistimos con ese grupo íbamos preocupados por el mensaje. Juntos oramos al Señor que no permitiera que se hablara de un tema que iba causar división y confusión entre los asistentes. Era una serie de sermones que no ocurrieron porque el Señor escuchó nuestros ruegos y el club se desintegró ese día. Fui victima de acoso y vituperios de varios miembros del club incluyendo los que se decían pastores. Todos se alejaron de mí excepto mis chicos a los que también por un momento lograron confundir. La prueba fue dura pero segura.

Fui acusada de enseñar doctrinas erróneas basada solamente en sueños, visiones y emociones. Escribieron en el marco de la puerta de mi salón de clases la palabra"Arc". Se me comparó con Juana de Arco lo cual para mí es un honor pero esa no era la intención de ellos. Juana de Arco fue capturada y juzgada por un tribunal eclesiástico acusada de brujería, con el argumento de que las voces que le hablaban procedían del diablo. Ella reafirmó el origen divino de las voces que oía, por lo que, condenada a la hoguera, fue ejecutada el 30 de mayo de 1431. Los adultos del grupo y todos los maestros involucrados trataron de empezar el club de nuevo. Eligieron a otro patrocinador. Mi salón de clase tampoco era una opción para ellos y querían que yo los apoyara. Nada pudieron hacer en contra de los planes de Dios. Dios me consoló diciéndome que ellos no estaban peleando contra mí sino contra él y que no iban a ganar. La mayoría de los muchachos se negó a seguirlos y finalmente se desanimaron. Pocas semanas después el Señor volvió abrir el club en mi salón. Esta vez me mandó más personas para el grupo de alabanza. Ahora el Señor nos ha dado un auditorio en el que nos reunimos todos los días durante el almuerzo y la comida de los estudiantes. Dios removió todas las barreras y mandó dos grandes pilares que ahora están al cargo del grupo. Gloria a Dios ¡Aleluya!

Los verdaderos Cristianos son aquellos que han nacido de nuevo y viven una vida entregada a Dios. La vida de estos cristianos es guiada por el Espíritu Santo a donde las necesidades están. Estas personas son vituperadas y mal vistas por su deseo de servir a Dios. Piensan que estamos locos porque no pensamos como la mayoría de la gente que conocemos. Nos desprecian y nos juzgan por decir la verdad. Estamos constantemente yendo de un lugar a otro y pocos lo entienden. Se nos crítica de inestables y hasta carnales. El pasaje de arriba dice que no sabemos de donde venimos ni a donde vamos, pero donde quiera que estemos sentimos paz porque Dios está con nosotros. Un día me subí a una montaña cercana a mi casa buscando la cercanía de Dios. Estando allá él me sugirió que necesitaba ayunar para estar más sensible a su voz. Empecé un ayuno de 21 días para buscar el favor de Dios en mi ministerio. Deseaba empezar un servicio en español en la iglesia donde me congregaba pero no recibí el apoyo necesario por parte del pastor. En esos veintiún días ocurrieron cambios drásticos en mi ministerio. La puerta en mi congregación se me cerró totalmente pero Dios abrió otra y grande. Me dio un auditorio en la escuela donde trabajo para tener las reuniones. Ahora estamos alcanzando no sólo a los estudiantes pero también a los padres de los estudiantes de esa escuela y las personas que viven en esa comunidad. Dios me envió el apoyo necesario desde músicos y personal capacitado para los diferentes ministerios de una iglesia. Ahora tenemos un servicio semanal donde servimos a los estudiantes y padres de la escuela. ¡!Gloria a Dios!!

*Capítulo 13*

# Revelaciones a través de sueños

*El dijo: Oíd ahora mis palabras: Si entre vosotros hay profeta, yo, el SEÑOR, me manifestaré a él en visión. Hablaré con él en sueños. No así con mi siervo Moisés; en toda mi casa él es fiel. 8 Cara a cara hablo con él, abiertamente y no en dichos oscuros, y él contempla la imagen del SEÑOR* (Números 11:6).

En el pasaje de arriba leemos que a todos los profetas Dios les habla a través de visiones y de sueños. Las sagradas Escrituras dicen que en los postreros días los jóvenes profetizarían y los ancianos tendrían sueños (Hechos 2:17). Además de escuchar la voz de Dios también he tenido sueños que me han revelado profecías escritas en las sagradas Escrituras. Mientras dormimos Dios nos habla y nos revela sus misterios. Nos revela cosas acerca de la próxima venida de nuestro Salvador Jesucristo y las pruebas que vienen sobre el mundo entero. El quiere que estemos preparados para no ser encontrados durmiendo y desprevenidos. Estamos viviendo en los postreros días porque en este momento mucha gente está recibiendo revelaciones por sueños y por visiones. Muchos de los mensajes que recibo tienen que ver con mi familia para darme la paz que necesito. Otros tantos sirven para animarme a seguir en mi lucha en contra del enemigo para ganar almas para mi Dios. Yo ruego a mi Padre que me haga claro esos mensajes para poder servirlo de la manera que él lo desea. Los sueños que a continuación voy a narrar son un tanto confusos. Con la ayuda del Señor vamos a poder entenderlos y de esa manera mutuamente poder descifrar los mensajes que él está enviando a su iglesia.

## La bestia vestida de azul, blanco y rojo

Me vi caminando hacia la entrada de un centro comercial. En una de las tiendas que había cerca de la entrada al establecimiento solamente vendían ropa azul para niños. Entré en la tienda y tomé un par de calzoncitos azules para verlos. Estaba examinándolos para comprarlos cuando vi una bestia acercándoseme. Yo supe que era la dueña de la tienda y de todo el centro comercial. La bestia que yo vi era mitad burra y mitad mujer. Estaba vestida con los colores de la bandera de Estados Unidos azul, blanco y rojo. Cuando la miré que se cercaba a mí pude notar su arrogancia. Era una mujer prepotente y segura de si misma. Cuando le dije que deseaba comprar esos calzoncitos, ella muy rudamente me contestó que me esperara. A mí como no me gusta esperar le contesté que no tenía tiempo. Su reacción a mi respuesta fue terminante y amenazadora. Con odio en su cara me dijo vas a ver si no tienes tiempo. Se salió de la tienda rápidamente meneando su extraño cuerpo. Se metió al centro comercial haciéndome saber que iba a traer a alguien que se encargara de mí. Su reacción me asustó e inmediatamente dejé los calzoncitos y corrí a esconderme. En ese momento percibí que era una persona muy poderosa. Supe que fue en busca de sus guardias para que vinieran a matarme. Yo pensé en cambiarme de ropa para que las personas que me fueran a buscar no me reconocieran pero no recuerdo si lo hice o no. Sólo recuerdo que corrí mucho cuesta arriba y entré en un huerto enorme. Cuando creí que estaba a salvo volteé hacia atrás para ver si me perseguían. Vi que dos soldados romanos vestidos con una túnica venían en dirección hacia mí muy seguros de encontrarme. Lo primero que se me ocurrió al verme tan cerca del peligro fue acostarme en una zanja para que no me vieran. Al acostarme en la zanja sentí que era observada y que no tenía esperanza. Nada se podía hacer para escapar puesto que ellos eran dirigidos por una fuerza espiritual la cual los guiaba exactamente hacia donde yo estaba. Los vi acercarse a mí alzando los dos sus lanzas a la misma vez para arrojármelas. Me quedé acostada esperando el irremediable ataque que me quitaría la vida pero levanté los ojos al cielo en busca de ayuda divina. Al instante vi que atrás de mí había alguien a quien sólo le pude ver sus dos hermosas manos vestidas con mangas blancas. Las manos me cubrieron con una manta blanca para que no me encontraran lo soldados. Los soldados pasaron junto a mí confundidos por no poder encontrarme donde me acababan de ver hacia unos instantes. Después de que se fueron los soldados, me levanté y miré alrededor. Me di cuenta de que los árboles del huerto tenían flores de colores azules, rojas y blancas igual que la ropa de la bestia. Aunque este sueño es difícil de explicar de una cosa si estoy segura es que las manos que me cubrieron eran unas manos santas que me hacen pensar que eran las de mi Padre celestial.

Un teólogo de los que se dedican a estudiar la Biblia a fondo explicó algunas de las profecías del Apocalipsis (Apocalipsis 13). Después de escuchar esa explicación yo pude asociarla con mi sueño. Hablaba de dos bestias una más poderosas que la otra y esta que yo soñé parece ser la bestia que sale de la tierra o sea la segunda bestia. La bestia de acuerdo con la explicación es un sistema anticristiano apoyado por el país más poderoso del mundo. La bestia tiene dos cuernos como cordero pero habla como león. Los cuernos según las Escrituras significan poder. Hay dos fuertes poderes que por la apariencia de la bestia que vi en mi sueño, uno es político y el otro es religioso. La iglesia en las Escrituras es representada por una mujer. En este país hay un partido político representado por el burro. La bestia que vi combina los dos poderes juntos, el político y el religioso. Yo no sé que papel juego allí pero sé que la bestia trató de matarme en cuanto me reconoció. Pareciera que represento un riesgo a sus planes. Dios me demostró en este sueño que debo de confiar en él sin importar las circunstancias pues él siempre nos protege. Soy de acuerdo con mi sueño un fuerte adversario de esa bestia también conocida como falso profeta. No puedo arriesgarme a hacer más conjeturas por que temo ofender a mi Padre santo. Solamente esperaré hasta que él me de el discernimiento necesario si esa es su voluntad.

## La mujer del pueblo subterráneo

En otro sueño volví a tener un encuentro negativo con otra poderosa mujer. La bestia que vi en el sueño anterior y esta mujer parecen ser la misma persona. Aquí una agencia de empleos me buscó para llevarme a entrevistarme para un trabajo delicado. Aparentemente el agente debería buscar la persona calificada para desempeñar cierto trabajo que desconozco. Yo no mostraba interés en esa posición que al parecer era en una compañía o una organización secreta muy importante. El mismo agente me recogió de mi casa y me llevó a la entrevista. Entramos a un subterráneo y allí había una especie de pueblo con muchas oficinas y callecitas.

Había mucha gente caminando en las callecitas. Algunas personas me conocieron tan pronto como me vieron, pero me evitaron. Solamente un muchacho me saludo con mucho miedo de ser visto y desapareció rápidamente. Estuvimos esperando parados sobre una de las callejas por unos cuantos minutos. Después de un pequeño rato vimos venir a la persona que me iba entrevistar para ese trabajo. El agente estaba muy entusiasmado y seguro de que yo era la persona indicada para esa posición. Ella venía acompañada de una comitiva que la escoltaba. Llevaba un vestido blanco con diseños dorados y un cinturón y zapatos dorados también. Llego hasta nosotros y allí nos presentaron. Cuando le di la mano para saludarla y decirle mi nombre ella me reconoció. Retiró su mano y volteó la cara mostrando un horrible gesto de desagrado. Yo amablemente la traté de convencer de mis cualidades y habilidades. Ella me miró con desagrado otra vez y se alejó de nosotros muy disgustada. Después que ella se marchó yo ingenuamente le pregunté al agente si me iban a emplear. El agente me contestó que la mujer me había odiado. Lo que yo entiendo acerca de este sueño es que la iglesia de la actualidad está dirigida por el enemigo y por eso me odia. Hay un trabajo que debe ser realizado por una persona con mis cualidades de acuerdo con el agente. Mi presencia le molestó a la mujer por que no puede resistir al bien. El color del vestido imita al color de la ropa que Jesús tiene puesto en la visión que el apóstol Juan tiene en la Isla de Patmos (Apocalipsis. 1:13). Por la vestidura de la mujer puedo deducir que se trata de una iglesia apostata. Una iglesia que pretende ser santa pero esconde la verdad lo cual podría ser representado por el subterráneo. En varios mensajes bíblicos podemos ver que Dios muestra mujeres para referirse a religiones y también a ciudades. Quizá algún día mi Padre celestial me va a revelar el significado de este otro sueño.

## Las mujeres con dolores de parto

En mi sueño escuchaba a una mujer que gritaba de dolor por largo rato. Pensé que se estaba muriendo pero no sabía de donde salían los gritos. Estando preocupada por los gritos me senté en un lugar que no recuerdo. Mientras estaba sentada pasó junto a mí una señora con una panza grande y picuda. Estaba punto de dar a luz a un niño. Los sueños de las mujeres a punto de dar a luz se han repetido varias veces. Una vez vi a varias mujeres de un pueblo todas embarazadas. En otro sueño habíamos tres embarazadas. Dos íbamos a tener niñas y una tercera iba a tener un varón. Pero las tres estábamos muy avanzadas en el embarazo. La Biblia usa la analogía de las mujeres a punto de dar a luz para decirnos que uno o más eventos están a punto de suceder. La cantidad de mujeres embarazadas podría indicar que muchas cosas estarán sucediendo en el mundo espiritual. Hay varios juicios y pruebas por venir de acuerdo con las profecías bíblicas. Las sagradas Escrituras dicen que hay dos por venir. Uno es el anticristo que se ha de manifestar primero. El otro es nuestro señor Jesucristo viniendo en las nubes para recoger a su iglesia. Los dos podrían estar muy cerca y Dios quiere que lo sepamos para que estemos preparados. El apóstol Pablo les mandó una carta a la iglesia en Tesalónica aclarándoles cualquier duda al respecto como lo vemos en la siguiente cita. *No pierdan la cabeza ni se alarmen por ciertas profecías, ni por mensajes orales o escritos supuestamente nuestros, que digan: «¡Ya llegó el día del Señor!» No se dejen engañar de ninguna manera, porque primero tiene que llegar la rebelión contra Dios y manifestarse el hombre de maldad, el destructor por naturaleza. (2 Tes. 2:2-3)*

Tres diferentes muchachos me informaron que el Día del Señor vendría pronto. El último quiso llorar cuando mi esposo le dijo que no quería escucharlo. Yo lo llamé por su nombre el cual recuerdo fue Mark y le animé a que me dijera a mí. El entonces empezó a orar entre lágrimas y allí me dijo que el Señor ya venía. En cuanto al anticristo he tenido dos sueños donde he visto a un enorme niño muy blanco recién nacido. Del primer sueño sólo recuerdo que era un niño Ruso muy grande y muy blanco pero el otro sueño tiene imágenes más vívidas. Llegué no se porque razón a una casa enorme donde vivía una familia conocida. La casa se veía vacía por el gran tamaño de esta. En esa misma casa tenían a un bebé en una incubadora. La incubadora era una tina de cristal transparente que estaba cubierta hasta la mitad de agua. Junto a la incubadora estaba sentado un hombre grande y fuerte cuidando al niño. El bebé era enorme a pesar de haber nacido prematuro. Era un niño muy blanco y gordote. Estaba acostado dentro del recipiente con agua. El hombre que lo cuidaba le ponía una almohadita para levantarle su cabeza y este pudiera respirar. Lo curioso era que el bebezote se movía de su posición y se quedaba tranquilo acostado con la cabeza dentro del agua. El hombre que lo cuidaba le volvía a colocar su almohadita debajo de la cabeza y él se bajaba de ella. Prefería quedarse con la cabeza sumergida en el agua. Yo estuve por un tiempo contemplando a ese extraño bebé. El hombre que lo cuidaba lo levantó para alimentarlo y se lo sentó en las piernas. Yo me le quedé mirando porque era impresionante verlo tan desarrollado a pesar de haber nacido prematuro. En el momento que lo iban a alimentar, el bebé volteó hacia mí, me dirigió una extraña mirada y se rió malévolamente. Sus facciones eran como un diablillo de caricatura. Yo corrí asustada hacia la salida y sin abrir la puerta me escapé por un agujero pequeño en la puerta. Esto último quiere decir que estaba en el espíritu cuando me mostraron ese bebé.

## Los tres dragones

La Biblia describe a un enorme dragón; el cual fue arrojado a la tierra jalando consigo la tercera parte de las estrellas (Apocalipsis 12:4). El dragón no es ni más ni menos que el propio Satanás. Como es un imitador de Dios él se ha preparado dos aliados fuertes para trabajar juntos. Su único propósito es el de engañar a grandes y a chicos. Dios nuestro Creador tiene a la santísima Trinidad que está compuesta por el Padre, el Hijo y Espíritu Santo. El demonio tiene su diabólica mancuerna que son él, el anticristo y el falso profeta. La Palabra de Dios describe a los dos aliados de Satanás como a dos poderosas bestias (Apocalipsis 13). En un sueño vi la silueta de tres dragones diferentes en tamaño. Los tres eran enormes. Sus siluetas cubrían la superficie de agua de un gran canal. El hecho de que se me revelaran en sombras podía significar que esas poderosas bestias ya están entre nosotros. No se han manifestado todavía en público por que Dios no lo ha permitido. Las sagradas Escrituras nos dicen que algo los esta deteniendo en este momento (2 Tesalonicenses 2:6). Dios sabe lo que está haciendo.

## Los caballos del Apocalipsis

En este sueño yo caminaba por un sendero junto a un arroyuelo con varias personas. Una de ellas era mi prima con la que pasé la mayor parte de mi infancia. Nosotros queríamos ir a cierto pueblo.

La distancia que bebíamos recorrer para llegar allá eran veintitrés millas. Íbamos caminando con mucha dificultad porque había una canaleja con agua en el camino. Queríamos manejar un carro pero no se podía. En ocasiones lo empujábamos y en otras lo cargábamos. No se porque razón yo decidí adelantarme de las personas que iban conmigo. Caminé para mirar el camino adelante y darme cuenta si sería fácil recorrerlo. El camino se cerraba un poco adelante de donde había dejado a mi prima y las otras personas. Cerrando el camino había una cerca alta de alambre de púas. Los alambres estaban bien reforzados y con los postes bien cercas uno de otro. Pensé que nosotros no podríamos cruzar la cerca puesto que los alambres estaban muy cerca uno de otro. Estaba pensando en la manera de cruzar esa cerca, cuando de repente vi un enorme caballo color bermejo que venia corriendo. Al verlo me asusté por que se veía furioso y me quedé estática. Corrió en dirección de la cerca, sin ninguna dificultad la cruzó y siguió hacia adelante. Atemorizada lo vi acercarse a un camión de carga que estaba estacionado en un lote cercano. El camión de carga era alto pero el caballo era también enorme y tenía una fuerza descomunal. Vi cuando con el hocico despedazo la ventana del camión. Abría el hocico y mordía la ventana como si fuera un pedazo de papel. Escuché gemir asustada a la persona que se encontraba en el interior de la cabina del camión sin poder reaccionar. Este caballo parecía incontrolable y venía dispuesto a matar.

Por varios días pensé en ese horrible sueño y no encontraba explicación. Mientras me preparaba para asistir a una conferencia prendí la televisión para escuchar el estado del tiempo. Accidentalmente prendí la televisión en un canal cristiano que no conocía. Para mi sorpresa en ese momento iba empezando un teólogo a hablar del libro de Apocalipsis. Estuvo hablando de la profecía de los cuatro caballos que salen de diferentes sellos que fueron abiertos. Yo antes leí ese libro pero no entendí nada o quizás muy poco. El explicó que el Cordero abrió los sellos y de allí salieron cuatro caballos con diferentes colores. Cada caballo simboliza algo. El primero es blanco y a ese viene montado por el anticristo quien quiere imitar a Jesús. Escrito está que Jesús vendrá montando un corcel blanco como lo podemos ver en este pasaje. *Luego vi el cielo abierto, y apareció un caballo blanco. Su jinete se llama Fiel y Verdadero. Con justicia dicta sentencia y hace la guerra.*[12] *Sus ojos resplandecen como llamas de fuego, y muchas diademas ciñen su cabeza. Lleva escrito un nombre que nadie conoce sino sólo él* (Apoc. 19:11-12). El segundo es rojizo o bermejo y ese se le dio poder de quitar la paz del mundo y de hacer guerra. El tercero es el negro y a ese se le dio poder para traer hambre y pestilencia. Por último el pálido trae mucha muerte consigo. El caballo que yo vi era rojizo exactamente como lo describen en el Apocalipsis, furioso e incontenible (Apoc. 6:1-8). El Apocalipsis contiene las profecías para los tiempos postreros o sea estos tiempos que ahora estamos viviendo.

    Meses después volví a soñar otro caballo. Este era rojo como la sangre y también era temible. Este sueño comenzó en un río donde yo estaba lavando ropa. Lavé un montón de camisas de mi esposo y las coloqué sobre de una roca asentada dentro del río. Mi esposo llegó y quiso revisarlas no sé porque razón. Al hacerlo las camisas cayeron al agua y la corriente se las llevó. El río entraba a un túnel cercas de donde yo estaba lavando la ropa y hacía un hoyo en la pared del túnel para meterse en la tierra. Mis dos hijos y mi esposo siguieron las camisas tratando de detenerlas pero no las alcanzaron. Las camisas se fueron por el hoyo que había en la pared. Mi esposo intentó alcanzarlas con un palo y yo también fui a tratar de ayudar. Cuando me acerqué a la entrada del túnel me enteré que el túnel era un lugar de reunión secreto. Había una gran congregación de personas con rasgos asiáticos. Ellos me vieron que me acerqué a la entrada del hoyo para alcanzar las camisas y me dijeron que me metiera por el hoyo a recogerlas. Éramos cuatro personas las que nos metimos al hoyo que nos llevó a otro subterráneo amplio pero oscuro. Parecía un enorme auditorio desierto, húmedo y en penumbras. La única luz entraba por el hoyo por donde entraba el agua del río. Una vez dentro de ese lugar en penumbras quisimos buscar las camisas pero un caballo muy rojo nos salió al encuentro. Era una fiera que resguardaba el subterráneo y venía a atacarnos. Corrimos a cruzarnos por debajo de una cerca de púas para escapar del feroz animal. Con mucha dificultad logramos cruzar por debajo del alambrado. Del otro lado del cerco el río corría dentro de un cañón profundo con rocas picudas a la orilla. El caballo también se pasó la cerca y nos venía siguiendo muy a toda velocidad. Nosotros íbamos corriendo por la orilla del río sobre el peligroso acantilado con rocas picudas y nos costaba trabajo seguir. Corríamos con mucho esfuerzo y el caballo ya nos iba alcanzar. De repente sentí que se nos daba una fuerza increíble para correr más rápido y de esa manera pudimos escapar. Se sentía como si alguien nos iba soplando. Veía como las picudas rocas no nos lastimaban los pies descalzos mientras íbamos casi volando por sobre los acantilados y cañones.

Finalmente llegamos a la salida de ese lugar subterráneo donde estaríamos a salvo. El caballo no podía salir a la luz y allí estaba nuestra salvación. Cuando me vi fuera de peligro me senté a descansar por que me encontraba exhausta y asustada. Estaba tratando de reponerme del gran susto que pasamos cuando cuatro seres chaparritos con alas se me acercaron. Ellos también salieron también del mismo lugar de donde salimos nosotros. Me preguntaron donde estaban las otras tres personas que iban conmigo y me pidieron que las llamara. Mi esposo y mis hijos se vinieron y se sentaron cerca de mí. De pronto noté que cada uno de los seres pequeñitos se trasformaron en unos muchachos muy sonrientes y amables. Los muchachos sonrientes se sentaron junto a cada uno de nosotros y empezaron a hacernos reír para que olvidáramos el mal rato que habíamos pasado. Después de un rato todos estábamos riendo felices como si nada hubiese sucedido. Este es el segundo sueño de los caballos bermejos o rojos. De acuerdo con la revelación que le fue dada a Juan en la isla de Patmos el caballo rojo quitará la paz y traerá la guerra. Estás revelaciones podrían significar que estamos muy cerca de alguna guerra y pareciera ser iniciada por un país Asiático. Las personas que vi en la reunión secreta dentro del túnel eran asiáticas por sus características físicas. Ellas tenían control sobre la bóveda obscura donde se encontraba encerrado el caballo rojo. Después de que pude discernir lo que acabo de decir yo le pregunté a mi Padre santo que me dijera que quería que yo hiciera con respecto de ese mensaje. El Espíritu Santo me susurró al oído que debería orar por la paz del mundo y también entendí que debía decirle a los ministros de las iglesias para que ellos oraran junto con sus congregaciones.

Un poco antes de que se desatara la epidemia de gripe porcina en el mundo volví a ver otro caballo en mis sueños. Un caballo grande de color amarillo pálido se aparece a la entrada de un enorme establecimiento. El caballo se encamina hacia delante como queriendo entrar y luego retrocede despacio para volver entrar al umbral de la puerta nuevamente. Cada vez que mueve las patas sus cascos resuenan fuertemente por todo el establecimiento. Yo asocié este sueño con otro que tuve pocos días antes donde otras dos mujeres y yo estábamos a punto de dar a luz. Soy de México y mi bebé por nacer era niña. El caballo pálido tiene el poder para traer muerte al mundo. La epidemia empezó precisamente en México y los sucesos se escucharon por el mundo entero. La epidemia entra a un lugar y se detiene y vuelve a entrar y se vuelve a detener de manera extraña. El caballo pálido de acuerdo con el libro de Apocalipsis representa muerte. Si hubo varias muertes causadas por esa epidemia pero fue más la alarma. Sólo Dios sabe la verdad de todo.

## La niña parada en el agua

Otra vez soñé que iba caminando por un sendero hacia un río cuando divisé a una niña parada dentro del agua con vestido y zapatos. Aunque el agua sobrepasaba su cabeza como unas diez pulgadas ella parecía tranquila. Yo al verla sumergida en el agua sin poder respirar me apuré a tratar de salvarla. Me metí en el agua y la tomé por la cintura para sacarla. La saqué del agua pero la niña forcejeo y se me resbaló. Traté varias veces pero ella insistía en permanecer dentro del agua. Parecía como si fuese un pez que necesitaba el agua para vivir. Así estuve tratando sin entender como una niña quería quedarse debajo del agua aunque le costara la vida. Mientras forcejeaba con la niña escuché el ruido de muchas aguas y supe que ya venía una crecida. Debía apurarme a salir del agua antes de que llegara la corriente y nos arrastrara a las dos. Después de ese sueño me levanté al baño y me volví acostar. Cuando cerré los ojos sentí como si mi cabeza hubiera girado y al momento me vi volando a alta velocidad. Yo trataba de mirar el camino mientras volaba pero la velocidad distorsionaba las formas. Sólo veía nubes grises y oscuras pasando con mucha rapidez. El viaje quizá duró unos dos minutos porque pronto me vi llegando a una casa en mi pueblo natal. Crucé la puerta sin abrirla. Al entrar vi a un señor sin camisa sentado junto a la puerta. Había otras personas en el corredor pero no supe quienes eran. Sentada frente al señor al que sólo le vi el cuerpo, estaba una muchacha leyéndole un libro el cual no entendí. Mi viaje terminó allí y no supe que más sucedió. Durante el sueño supe que el señor sentado en la silla era mi tío y la muchacha era su hija. La misma del sueño anterior pero aquí ya no era una niña sino la adulta que hoy en día es. Por la mañana cuando me desperté estuve pensando en ese viaje espiritual. Le pedí discernimiento a Dios y entendí que la niña que se estaba ahogando era mi prima la que un día me salvó de morir ahogada en una alberca. Ahora el Señor me está dando la oportunidad de pagarle ese favor ayudándole a salvarse del fuego del infierno. Ella es una de esas personas que creen que la religión las va a salvar. Se aferra a no escuchar la verdad aunque se condene. Hasta hoy día no ha habido una persona que sobreviva debajo del agua por más de dos minutos. Ella parecía tranquila como si fuera un pez o un anfibio. El Señor me mostró que ella se estaba ahogando sin saberlo y él quiere que se salve. El ruido de la creciente que ya venía cerca indica que no hay tiempo para perder. El día del Señor viene con toda su fuerza así como un río caudaloso que todo lo arrasa. De ese sueño entendí que la corriente nos iba a llevar a las dos. Esto me dice que debemos apurarnos a compartir el evangelio del Señor para salvar a cuantos sea posible de acuerdo con la voluntad de Dios.

De mi viaje a mi pueblo entendí que si mi prima conociera la verdad, se las podría enseñar a su papá y a otros miembros de su familia. La mayor parte de la familia se aferra a no escuchar la verdad. Hay dos de sus hermanas que conocen el evangelio de Jesucristo. Yo le llamé esa mañana y le dije acerca de mi sueño y le hablé de la palabra de Dios. La invité a que leyera las sagradas Escrituras y me aseguró que lo haría. Le llamé dos veces para convencerla de buscar la verdad y me dijo que ya leía la Biblia. Pensé en visitarla a su casa pero no creía tener tiempo para hacerlo. Ella vive más o menos a tres horas de distancia de mi casa. Un fin de semana decidimos ir a ver los árboles gigantescos de un parque en California. Hicimos reservaciones en un hotel de un pueblo cercano al parque. Yo sabía que ella vivía en un pueblo de esos contornos pero no me imaginé que viviera a dos cuadras del hotel donde nos hospedaríamos. Le llamé y le pregunté si sabía donde quedaba ese pueblo y me dijo yo vivo en ese pueblo. Su casa estaba a dos cuadras del hotel. Nos invitó a comer y fuimos con la intención de compartirle el evangelio de Jesús en persona. Cual fue mi sorpresa que al mencionarle el tema se encerró en el baño para no escucharnos. Yo quería ser cautelosa pero su esposo empezó a hablarnos a nosotros de la palabra. Nosotros encantados seguimos hablando del tema. Al día siguiente fue con nosotros a ver las sequoias pero evitó hablar conmigo a toda costa. Se comportó tan extraña conmigo como si algo o alguien le prohibiera acercarse a mí. Quizá Dios no quiso que yo me acercara tanto a ella. Quizás no estaba bien preparada para enfrentarme a los demonios que le bloquean el entendimiento. Yo traté de llevarle la verdad porque mi deseo es servir a mi Padre celestial y no quiero desobedecerlo en nada. Su esposo me dijo que él no la forzaba a escuchar porque no tenía caso. Dios a nadie quiere que venga a él a la fuerza. El quiere que por decisión propia lo sigamos. El estará encantado de recibirnos en su santo reino cuando así él lo disponga.

## El pueblo junto al mar

Mientra enseñaba acerca de la palabra de Dios en un pueblo cerca del mar vi cuando la orilla de la playa se empezó a sumergir en el agua. Las casas poco a poco iban colapsándose. Alcancé a escapar y corrí hacia el centro del pueblo. Las olas del mar venían arrastrando a la gente. Lo curioso de esto es que la gente caminaba muy tranquila dentro del agua. Yo veía que el agua los cubría hasta los ojos y me preocupé por ellos. Sabía que se estaban ahogando sin remedio y quería poder rescatarlos pero ellos me ignoraban. De estos dos últimos sueños he aprendido que Dios compara a las personas que están engañadas por sus religiones con gente que vive tranquila dentro del agua. La religión es como una ola o como un río que nos arrastra con fuerza de donde es imposible escapar sin la ayuda de Dios. Las religiones no nos enseñan a morir al mundo para vivir en Cristo. Vivimos cómodamente creyendo las mentiras del diablo que nos dice que no nos preocupemos. Dios nos muestra a la gente ahogándose para que nosotros los que estamos fuera del agua nos apuremos a rescatarlos antes de que sea demasiado tarde. El rescate se hace con oración y evangelismo.

La explicación al sueño de arriba concuerda con un sueño que tuvo una de mis hermanas. Yo le he estado hablando del camino a la salvación. La he tratado de convencer de que el único que puede salvarla es nuestro Señor Jesucristo. El es el único que murió para pagar por nuestros pecados. Ella insiste en pedirles a los santos representados por las imágenes que tiene en su casa, y otros que también están en su iglesia. Hace poco le llamé por teléfono y volvimos a abordar el tema. Le hablé de nuestro Señor Jesucristo, de cuantos prodigios él ha hecho en mi vida y de mi amor por él. Después de que le platiqué ella me dijo emocionada que ella lo había visto en un sueño. Llorando me contó que lo vio crucificado a la orilla de un gran lago. Vio que lo bajaron de la cruz y cuando se le acercó pudo cerciorarse que estaba vivo. A la orilla del lago había muchas personas que habían sido rescatadas de las aguas donde estuvieron a punto de perecer ahogadas. Cuando estuvo cercas de él alguien se le acerco y le dijo que le diera un beso. Le dijeron que él había salvado a todas las personas que estaban a la orilla del lago. Después de ese sueño lo volvió a ver. Esta vez estaba acostado sobre la carretera que pasa cerca de su casa. Era enorme y estaba esperando pacientemente a ser invitado a vivir en el corazón de todos. El le dijo a mi hermana que estaba allí para cuidarlos y ella otra vez se le acercó y lo besó. Que hermosos sueños., pero lo triste es que ella sigue aferrada a creerle a su líder mentiroso.

*Capítulo 14*

# Caminando con Dios

¿Como sabemos si es Dios o si es el diablo el que nos está hablando? Hay diferentes señales que son difíciles de entender debido a la naturaleza del demonio que siempre trata de confundirnos. Una de ellas es que Dios jamás contradice su palabra. El no nos va a decir que hagamos algo que nos induzca a cometer pecado. Debemos tener una verdadera relación con Dios para poder reconocer su voz. La palabra dice "mis ovejas escuchan mi voz" (Juan 10:27). Una persona me platicó que en una ocasión estaba buscando un documento por varios días pero no lo encontraba. Se acordó y dijo dios mío ayúdame a encontrarlo. Al momento sintió que algo le apuntó a donde estaba el documento que buscaba y efectivamente allí lo encontró. Yo le pregunté a ella que si ya había aceptado que Cristo es el único Salvador. Que si se había arrepentido de todos sus pecados y pedido perdón a Dios en el nombre de su hijo Jesucristo. Ella me contestó que no lo había hecho. Como esperamos que sea Dios quien nos responda. No nos conoce personalmente porque no le hemos dado la oportunidad. Existe la posibilidad de que Dios nos conteste para demostrarnos su grandeza pero el diablo también puede contestarnos para seguirnos confundiendo. El diablo hace prodigios para que sigamos engañados y no nos acerquemos a Dios. Nos hace creer que está bien todo lo que hacemos y nos ciega el entendimiento. Esta persona de la que hablo vive esclavizada a los casinos y para sostener sus adicciones ha tenido que robar. Pero eso sí, ella es muy religiosa. El problema es que no sabemos cuando vamos a morir pero Dios sí sabe y quiere que seamos salvos.

Sin el acto de arrepentimiento por nuestros pecados para Dios sólo somos su creación o sus entenados como nos llama el apóstol Pablo. Cuando le pedimos algo es como si llegásemos hasta un desconocido y le pidiésemos que nos preste su cámara para tomar fotos o que nos dé veinte dólares. Si él quiere nos los presta o quizá diga para si mismo quien es ese desconocido y nos ignore. Pero cuando un hijo le habla, él siempre nos escucha pero solamente nos da lo que nos conviene. Para ser salvo no es suficiente ser una buena persona que no hace daño a nadie o que va a la iglesia frecuentemente. La salvación la tenemos gracias a Jesús que vino al mundo y murió por nuestros pecados; el arrepentimiento sincero de nuestras ofensas y el deseo de obedecerlo siempre (Isaías 53:4). Si queremos ganar el cielo con nuestras obras estaríamos diciendo que el sacrificio de Jesús en la cruz fue en vano. Jesús venció la muerte colgado de un madero, clavando el decreto escrito en la cruz a través del cual la gente trataba de salvarse. Me refiero a los diez mandamientos que por cierto han sido modificados por ciertas religiones. La ley de Dios era imposible de cumplir sin la fe en Jesucristo.

La Biblia dice que no todos somos hijos de Dios. Solamente a los que le recibieron y creyeron en su nombre les dio potestad de ser sus hijos (Juan 1:12). Pero sí todos podemos ser sus hijos si nosotros lo deseamos. Para convertirnos en hijos de Dios vuelvo a repetir lo mismo. Presentémonos con él y digámosle que reconocemos su sacrificio en la cruz y que necesitamos su perdón por todas nuestras ofensas. Hay sólo dos lados de la moneda. Si no estamos con Dios estamos con el diablo así de sencillo. El diablo también hace milagros y prodigios haciéndose pasar por Dios para que la gente piense que está haciendo lo correcto. El demonio siempre está buscando maneras de confundirnos y astutamente lo logra. Si analizamos lo que anteriormente dije, podemos saber si fue Dios o si fue el diablo el que nos ayudó cuando lo pedimos. Igualmente sucede cuando se le pide a las estatuas de santos que nos concedan milagros y vemos que nuestras peticiones fueron escuchadas. Esas imágenes no se pueden limpiar el polvo de ellas mismas como esperamos que puedan hacer milagros. Tienen ojos pero no ven y oídos pero no oyen e igual que ellos son los que los fabrican y los que les piden favores (Salmo 115). Ninguna persona que vivió y murió ha resucitado todavía excepto Jesús. Los muertos no nos pueden oír mucho menos pueden ayudarnos en nada.

Dios dejó bien claro la manera de orar cuando los apóstoles le preguntaron. El les enseñó la oración del Padre Nuestro. Cuando la analizamos nos damos cuenta que nos muestra el libre acceso que tenemos para llegar al Padre. No hay necesidad de sacerdotes como en los tiempos del Viejo Testamento. Jesucristo es el sumo sacerdote que nos conecta con el Padre y aboga por nosotros. La oración del Padre Nuestro dice que hay que santificar y alabar el nombre de Dios. Debemos pedirle por nuestras necesidades y sobre todo por el perdón a nuestras ofensas. Jesús dijo: "lo que pidan en mi nombre les será concedido" (Juan 4:13-14). Sólo hay un Dios. Cuando no nos dirigimos a él por medio de nuestro mediador Jesucristo, quien nos está escuchando y concediendo nuestras peticiones es el mismo diablo. No siempre oiremos a Dios hablar directamente con sonidos audibles pero sí le oiremos hablándonos a través de otras personas. El Espíritu Santo nos da las respuestas a través de una voz audible en nuestra mente. A veces un sentimiento de paz en nuestro corazón o tal vez un sueño o una visión nos dan la respuesta a nuestras oraciones. ¿Cómo sabemos que nos están hablando a nosotros? Solamente hay que pensar en lo que estuvimos preguntándole o pidiéndole con fervor y si la respuesta se relaciona lo más seguro es que era para nosotros.

Yo tenía dos trabajos diarios y esos me mantenían demasiado cansada y ocupada. Le pregunté a Dios si debería seguir trabajando los dos trabajos y varias veces me mostró el mismo pasaje bíblico de las hermanas Martha y María. Martha reclama a Jesús porque María no le ayuda a hacer quehaceres por estar escuchándolo a él. Jesús le contestó a Martha que ella estaba siempre tan afanada y que él jamás le quitaría a María lo que le pertenecía (Lucas 10:38-42). Supe que esa respuesta estaba dirigida a mi pregunta y entonces pedí un permiso de seis meses en uno de mis empleadores. Cuando pasaron los seis meses volví a preguntar a Dios si debería regresar y otra vez tuve la misma respuesta. No obstante a menudo se me presentaban atractivas oportunidades de trabajo. Aplicaba con éxito pero Dios poco a poco me ha quitado el amor por el dinero y las cosas materiales y lo ha remplazado por un amor sincero para él. No volví a ese trabajo y rechacé las otras oportunidades. Ahora tengo mucho más tiempo para aprender de la Palabra de Dios y para servirlo a él. El dinero que antes ganaba no me ha hecho falta para nada y soy mucho más feliz. El señor me ha dado una paz difícil de describir, la cual se debe experimentar en carne propia.

Dios siempre escucha nuestras oraciones pero no siempre nos da la respuesta que queremos oír. Antes de presentar nuestras peticiones a Dios nuestro Padre es necesario darle gracias y alabarlo por todo lo que nos ha dado y lo que todavía nos va a dar. Si tenemos salud, paz y comida somos muy afortunados pues cuantas personas hay en el mundo que no tienen ninguna de estas tres cosas. Dios sabe todo lo que necesitamos para cumplir el propósito para el cual nos trajo a este mundo. Es mejor pedirle sabiduría y discernimiento porque esas cosas nos ayudaran a prepararnos mejor para servirlo. También podemos pedirle que nos de fe y amor porque a través de ellos podemos ayudar a las personas que más lo necesitan. Les comparto el siguiente testimonio para que no cometan los mismos errores que yo he cometido. Comencé a leer la Biblia por mi cuenta y eso está muy bien. Desde el principio fui guiada por el Espíritu Santo quien me llevaba a través de sus páginas. Tenía tantas preguntas como nos pasa a todas las nuevas creaturas. Me sentaba en mi cama a hacerle todas las preguntas que tenía. Mi Padre celestial que es tan hermoso ponía su Espíritu a que me enseñara y todas las preguntas me eran contestadas por medio de las sagradas Escrituras. Recuerdo que se me hizo un hábito de pedirle cosas y todo el día le estaba pide y pide sin dar gracias por nada de lo que me daba. Un día al abrir la Biblia claramente leí un versículo que decía que yo era como una sanguijuela. Sólo estaba pidiendo y pidiendo cosas para mí y ni siquiera le agradecía a Dios por los favores recibidos (Prov. 30:13-15). A mí me encantó que me haya corregido. Desde ese día dejé de estar pidiendo cosas egoístamente. Aprendí a agradecer y a alabar a Dios. Aprendí a decirle que deseo que se haga su voluntad no la mía como lo expresa en su libro. (Lucas 17:15,16 y 2 Corintios 9:11).

*Capítulo 15*

# Nuestro mejor maestro

Un domingo fui a la playa y allá conocí a una persona que decía conocer las sagradas Escrituras. Le pedí que me viniera a enseñar. El vino a mi casa como unas cuatro veces. Venía una vez por semana y me enseñaba lo que él sabía; yo estaba feliz. Le daba gracias a Dios por poner personas en mi camino para que me enseñaran a conocerlo mejor. No obstante seguía leyendo la Biblia por mi misma con la ayuda del Espíritu Santo. Un día al abrirla pude entender que me decía que me mantuviera alejada de personas engañadoras y mentirosas. Yo no pensé nada acerca de la persona que venía a enseñarme pero él dejó de venir por alguna razón u otra. Yo lo esperaba pero no venía. Le llamaba y siempre estaba muy ocupado para hablar conmigo. Lloraba porque no tenía a nadie que me enseñara y tenía un hambre insaciable de saber más acerca de Dios. La persona esa nunca más volvió. Un día mientras oraba abrí el Libro sagrado y leí una versículo que decía no llores más. Desde este día el maestro no se te va a separar. Si volteas para la derecha o para la izquierda lo vas a ver y siempre te va a estar enseñando (Isaías 30:19-20). Es increíble pero el Espíritu Santo nos retira de las personas que nos van a perjudicar o a confundir. Desde ese día he recibido tanta ayuda que hasta un estudio bíblico tengo en la casa. Muchas personas vienen para ayudarnos mutuamente y apoyarnos en nuestro esfuerzo de servir a Dios y a nuestro prójimo. Además todo mundo me trae libros que no me alcanza el tiempo que tengo para leerlos. El Espíritu Santo es nuestro mejor maestro. El nos enseña y nos corrige. Las primeras cosas que hace cuando decidimos caminar con Cristo es mostrarnos todos nuestros pecados y errores del pasado. Nos redarguye para que nos sintamos mal y pidamos perdón. Desde el momento en que invitamos a Jesús a nuestro corazón, el Espíritu Santo no nos deja solos. Está siempre peleando nuestras batallas diarias. Si no lo creen los retos a probar y verán que no miento.

Los que caminamos con Dios no solamente leemos la Biblia y vamos a la iglesia. Nos esforzamos de vivir una vida como la de Cristo llena de sacrificios y constante oración. Cuando decidimos caminar con Cristo, él se pone muy feliz y no lleva de la mano. Nos trata como si fuéramos unos niños que nos vamos a extraviar si nuestros padres nos sueltan. El se comporta exactamente como un padre o una madre que quiere asegurarse que sus hijos están a salvo. Nos protege del enemigo a capa y espada. Nos enseña como defendernos contra los dardos de fuego que nos dispara el maligno. (Efesios 6: 10-20). Nos da poder para vencer en cualquier batalla que tengamos como lo podemos ver en esta cita. *"Con El nuestras armas son poderosas pues derriban argumentos y toda altivez que se levanta contra el conocimiento de Dios"* (2 Cor. 10:4-6). Esto parece fantasía pero es la verdad.

Cuando decidimos caminar con Cristo somos tentados en diferentes maneras por el demonio. El se encuentra molesto por que lo ignoramos y nos dedicamos a cuidar las ovejas del Señor. Vivimos buscando oportunidades para servirlo porque la fe sin obras no vale (Santiago 2:18). El Señor no hizo los árboles sólo para que estuvieran allí y se vieran bonitos con sus frutas, los hizo para beneficio de la humanidad. De igual manera nosotros tenemos un propósito que cumplir para no ser cortados y tirados al fuego como la higuera que no dio frutos (Juan 15:6, Lucas 3:6-9). Al salvar a las ovejas de las garras del lobo hablando metafóricamente, nos estamos enfrentando directamente con las fuerzas del maligno. Cada vez que plantamos una semilla nos vemos tentados en maneras que sólo podemos entender si conocemos la Palabra de Dios. Las Escrituras nos dicen que siempre debemos mantenernos en oración y muy alertas porque el enemigo siempre está asechándonos (I Pedro. 5:8). Yo todos los días sufro diferentes ataques porque desde que me levanto estoy dando testimonio de las obras de mi Padre celestial. Me voy a trabajar y allá encuentro personas que tratan de hacerme la vida difícil. El maligno quiere que yo me decepcione y diga de que me sirve tratar de agradar a Dios si nada de lo que hago está bien. Voy a la casa y me encuentro a mis hijos peleando y discutiendo uno con otro. Mis hijos me dicen muchas veces que soy la peor de las madres. Mis hermanos me dicen que estoy desequilibrada mental por que leo las Escrituras. La misma iglesia me persigue por que digo la verdad. Pero yo los ignoro por que confío ciegamente en mi Señor Jesucristo. Cuando veo esos problemas inmediatamente sé que son ataques y me pongo inmediatamente a orar. Le digo a mi Padre que yo confío en que él peleará mis batallas y él rápido viene a mi auxilio. Lo hermoso de esto es que el diablo empieza estos problemas para que uno maldiga a Dios y se alejé de él; pero mi padre cambia lo malo por bueno. Mientras el demonio está atacándonos yo oro en delante de quien esté presente y la gente por incrédula que sea termina dándose cuenta de la verdad. Leí una historia verídica de un misionero que llegó a evangelizar a una isla de caníbales donde muchos se convirtieron incluyendo al jefe de la tribu.

Años más tarde llegó a esa misma isla un científico incrédulo. Vio a la gente leyendo las sagradas Escrituras y los tomó por ignorantes. El jefe de la tribu se le acercó y le dijo en voz bien baja. Ya sé que tú no crees en la Biblia pero por lo menos deberías darle gracias a Dios que nosotros sí creemos. Si no fuera por que creemos en Jesucristo y en su palabra tú ya estarías dentro de esa olla hirviendo para la cena de mi tribu. ¡Que mensaje más fuerte!

Hace unos días mi esposo y yo pasamos a una casa para dejar a nuestra hija en una fiesta de cumpleaños. Yo me quedé en el carro esperando a que mi esposo regresara de llevar a mi hijita. Fue agradable ver que el papá de la amiga de mi hija al que poco conozco quiso venir a saludarme y me dio un abrazo sincero. Yo sentí que nuestro Señor Jesucristo quiso que viniera a saludarme para que yo lo invitara a conocerlo. El estaba ansioso de hablar de sus problemas financieros y de su inminente divorcio. Yo tomé la oportunidad que Dios me estaba dando y le compartí que Jesucristo es el único capaz de ayudarnos a salir de todas nuestras tribulaciones. Le dije que confiara en Dios en todo momento por que él prometió pelear nuestras batallas. Escuchar hablar acerca de que hay solución y esperanza a nuestras tribulaciones es un aliciente que transforma nuestra mente. El nos invitó a pasar y quería seguir compartiendo con nosotros y se veía feliz. Lo mismo le digo a todas las personas que en este momento están pasando por algo similar. El Señor nuestro Padre celestial jamás falta a su palabra.

*Capítulo 16*

# La duda y los milagros

Cuatro meses después del secuestro de mi hermano me enteré que mi madre estaba muy grave. Me dijo que se sentía muy mal y que no podía comer ni dormir por el dolor de estómago. Inmediatamente le hablé a mi hermano que vivía en las Bahamas para que la ayudara. Quería que les dijera a mis otros hermanos que la llevaran al hospital para que le pusieran sueros o sangre. A mi no me hacían caso debido a mi nueva vida. Esa misma noche mi mamacita fue transportada al hospital donde inmediatamente se le suministró sangre porque sus glóbulos rojos estaban demasiado débiles. Otro día después de eso yo supe que mi Padre eterno ya se la iba a llevar. Lo supe por revelación divina. También supe que debía irme a México si quería verla con vida. Le pedí a mi Señor que me diera la oportunidad de cuidar a mi mamá de la manera que ella lo hizo con su madre cuando ella agonizaba de la misma enfermedad. Me fui al día siguiente a México y cuando llegué la encontré sentadita terminando de comer un poco de sopa. Ella se sorprendió mucho de verme allá. Yo siempre le daba esperanzas de vida a través de la fe en Dios nuestro Creador y Salvador. Mi papá le dijo que yo había ido a llevarle el alivio porque él también creyó en mi fe. Le contesté que yo no era capaz de llevarle el alivio a nadie.

El único que puede sanarnos es nuestro Señor Jesucristo. Yo quizá cometí un error allí por no meditar en mi respuesta. Ahora sé que los milagros ocurren por la fe pero tuve miedo de ofender a Dios nuestro Señor. Dios nos da dones y poder para hacer que los milagros ocurran. Sólo debemos pedirle con mucha fe en el nombre de nuestro Señor Jesucristo. Entonces aun no lo sabía porque había leído muy poco las sagradas Escrituras y apenas estaba aprendiendo.

Antes de irme a México para estar con mi mamá sus últimos días, fuimos a cenar a un restaurante con mi esposo e hijos. Cuando estábamos sentados esperando la cena un señor pasó enfrente de nosotros. En su camisa tenía escrito una cita bíblica que dice: *"por sus llagas fuimos sanados"* (Isa. 53:4). Yo no lo vi pero mi hija sí y me lo dijo. Cuando me dijeron la referencia bíblica inmediatamente me vino a la cabeza de que se trataba. Eso incrementó mi esperanza de que mi mamá viviría más tiempo. Esa era la frase que repetía mi hermano antes de morir. La frase esa fue revelada al profeta Isaías donde se nos dio a conocer el misterio de la salvación a través de la muerte de nuestro Señor Jesucristo. Desde el momento en que llegué a la casa donde se encontraba mi mamá le dí esperanzas. Lo que yo no sabía es que para nuestro Padre celestial la salud del espíritu es más importante que la del cuerpo. Nosotros debemos asegurarnos que nuestro espíritu perdure para la eternidad. El Señor nos equipará con un cuerpo nuevo si somos capaces de mantener el espíritu vivo. A este mundo venimos con un propósito para el cual nuestro Padre nos envió. Cuando ese propósito está cumplido él nos lleva con él. Si no cumplimos nuestro propósito nos corta de la faz de la tierra y somos arrojados al fuego para que nos quememos porque fuimos árboles que no dimos frutos (Juan 15:6).

Mi mamacita sólo tenía cuatro días más para ser conciente y poder hablar conmigo. Desde el día que llegué me dediqué a cuidarla y tratar de hacer sus últimos momentos más confortables. Tan pronto como llegué me encargué de conseguirle medicina para el dolor. Además oré mucho a mi Padre celestial en el nombre de mi Señor Jesucristo para que le quitara el dolor. Después de que oré por primera vez mi madre se durmió por varias horas y ningún ruido la despertó. No había dormido muchas noches debido a los fuertes dolores que le atormentaban. En mi oración yo arrojé en el nombre de mi Señor Jesucristo todo tipo de espíritus inmundos que merodeaban a mi madre y de esa manera ella pudo descansar. Al día siguiente seguí orando y leyéndole las sagradas Escrituras. Mientras le leía, mi madre se quedó dormida y entonces algo particularmente extraño me ocurrió. Pasé junto de la ventana que estaba abierta frente a la cama de mi mamá para poner la Biblia en una repisa. Al dejar la Biblia sentí un fuerte jalón en el lado izquierdo del pecho y escuché un ruido de estática en la blusa que llevaba puesta. El jalón fue directo al corazón. Sentí como si alguien me lo hubiera querido arrancar de un tirón.

En las sagradas Escrituras dice que nadie que llegué a una casa a robar podrá hacerlo sin antes amarrar al dueño de la casa (Mateo 12:29). La religión y los vicios son espíritus inmundos que se apoderan de las mentes de las personas y se convierten en los dueños de esas casas. Las personas que allí viven no los sienten. Los demonios se sienten tan seguros de tenerlos bajo su dominio que no los molestan. Cuando se sienten amenazados por una persona que ha entregado su corazón a Jehová empiezan a pelear (Jehová significa Señor en Hebreo). Ellos nada pueden hacer por que el Espíritu Santo nos cuida y protege así como dijo Jesús que sería. No me ocurrió pensar que había sido atacada por el demonio que había arrojado de junto a mi madre cuando le oré para que descansara. Yo pienso que mi Señor Jesucristo no quiso que me asustara y me siguió protegiendo. Mientras en Los Angeles mi familia tuvo momentos muy difíciles. El demonio trató de hacer todo lo posible para que yo me regresara y dejara las cosas en México como estaban. Mi esposo me llamaba desesperado por no saber como lidiar con los problemas. Mi hija menor de sólo trece años me decía que no me regresará hasta que cumpliera mi misión allá. Dios la usó para confortarme.

Mi Padre celestial me mandó a México con un propósito y yo no me regresé hasta que lo cumplí. El me llevó allá con mensajes de salvación para mi madre. Al mismo tiempo me estaba concediendo la oportunidad que le había pedido de poder cuidarla cuando ella lo necesitara. Desde que mi madre enfermó yo oraba por la salvación de ella porque una persona para ser salva tiene que nacer de nuevo. Los católicos no saben de eso por que raras veces leen la Biblia y si la leen no la entienden por falta de discernimiento espiritual. Una de las primeras cosas que hice cuando llegué allá fue aconsejarle que se arrepintiera de todos sus pecados. Que pidiera perdón a Dios nuestro Señor por ellos. Al cuarto día de que llegué a México mi mamacita paró de hablar y sólo dormía mucho. Un día medio dormida abrió un poco los ojos y sonrió cuando me vio sentada junto a su cama. En ese momento yo aproveché para preguntarle si ella creía que Jesucristo era su único salvador. Su respuesta fue rápida y dijo "como no" la cual se traduce a "claro que sí". Al día siguiente antes de que amaneciera me paré junto a ella. Le puse la mano sobre el estómago y oré a Dios por su salud. En ese instante junto a mi mano vi una mano blanca posándose sobre el estómago de mi mamá. Junto a la mano brilló una lucecita que me trajo esperanza. Sentí algo muy especial en ese momento. Cuando vi a mi hermana y a mi papá les platiqué acerca de mi visión. Les dije que tuvieran fe de que un milagro ocurriría. Mi papá me contestó con una pregunta. ¿Estás segura de que no estás loca? Yo sentí pena y coraje por su falta de fe. Los milagros ocurren para que la gente crea y de esa manera aumente su fe. Desde ese día mi mamacita se empeoró y ya no habló coherentemente. La sentábamos para alimentarla con comida licuada que yo le preparaba con caldos de carne y vegetales. Me aseguraba que comiera bien y tomara suficiente agua. En esa misma semana la llevamos al doctor. El nos dijo que no le podía tratar más con quimioterapia porque estaba muy débil y no la resistiría. Después de lo que el doctor nos dijo optamos por llevarla a su casa. Ella había expresado que deseaba morir allí.

Transportarla a su casa fue desastroso. Parece que al moverla le lastimamos su estómago porque no paró de quejarse en el camino. Cuando llegamos a la casa fue peor. Se retorcía gritando de dolor y nosotros no podíamos hacer nada para ayudarla. Esa misma noche se regresó mi hermano a la ciudad para pedirle al doctor que le mandara morfina la medicina más fuerte para calmar dolores. Nosotros al verla sufrir tanto le dijimos a Dios nuestro Señor que se la llevara. Con dolor le dijimos cuanto la queríamos, Pero era mejor que se fuera descansar. Como si de ella dependiera la vida o la muerte. Esa noche mientras ella se retorcía de dolor le rezaron un rosario. Ese rezo refrescó en su memoria toda esa letanía que ella tanto acostumbraba. Era la rezadora del pueblo para toda ocasión. Toda la noche en su desesperación repetía el Ave María como un disco rayado. En la Biblia dice que eso en lugar de agradar a Dios le ofende (Mateo 6:5). Yo le decía mamá háblele a Jesús. El es su salvador pero ella no me oía y sólo seguía repitiendo sin parar sus "Aves Marías". El día que llegué a México me dijo que tenía tiempo que no rezaba sus oraciones memorizadas por que no podía. Yo todos los días oraba a mi Padre celestial que me la cubriera con la sangre de nuestro Señor Jesucristo. El lo hacía y de esa manera no se le permitía seguir ofendiendo más a Dios con oraciones que no salen del corazón sino de la mente. La mente es fácilmente manipulada por el enemigo que nos hace creerle a las religiones las cuales han sido creadas por él mismo.

Nosotros hacíamos todo lo que estaba en nuestras manos para poder ayudar a mi madre. Los primeros días de su agonía le inyectábamos morfina y otro medicamento y de esa manera descansaba un poco. Días después nada le quitaba el dolor. Las amigas de ella junto con mi hermana y sus hermanas seguían rezándole rosarios. Ella no recibía ningún beneficio de sus oraciones pues el dolor no paraba. Mientras ellas rezaban yo hablaba a Dios nuestro Señor que les perdonara porque no sabían que lo ofendían. Les pedían a los santos que intercedieran por ella ante Dios. Les prendían velas a las imágenes que había por toda la casa. La Biblia claramente dice que el único intercesor ante nuestro Padre celestial es Jesucristo (1 Tim.2:15). Después que ellas terminaban sus letanías yo me paraba junto a ella. Le pedía a alguien que me acompañara y le oraba de la manera que nuestro Señor Jesucristo les recomendó a los apóstoles. *"Cuando dos o más personas se reúnan, todo lo que pidan en mi nombre les será concedido"* (Mateo 18:19). Yo le decía a Dios nuestro Padre con todo mi corazón que sólo él podía librar a mi mamá en ese gran sufrimiento, los terribles dolores causados por el cáncer del estómago. Le recordaba que estábamos haciendo lo que él recomendó. Dios rápidamente venía en su auxilio y le quitaba los dolores. Ella se dormía hasta por tres horas corridas. Cuando ella descansaba yo me dormía un rato. Cuando los dolores le volvían luego iban a buscarme a mi cuarto. Iban a decirme que mi mamá ya se estaba quejando otra vez. Varias personas se dieron cuenta que sólo mis oraciones le quitaban el dolor a mi mamacita. A pesar de no aceptar mi espiritualidad, en esos momentos pudieron darse cuenta que mis oraciones si eran efectivas a diferencia de las de ellos.

*Capítulo 17*

# Estamos atados al mundo

*Que con mansedumbre corrija a los que se oponen, por si quizá Dios les conceda que se arrepientan para conocer la verdad, [26] y escapen del lazo del diablo, en que están cautivos a voluntad de él.* (2 Timoteo 2:24-26)

La desobediencia a Dios se convierte en ataduras, pero el Espíritu Santo nos da poder para romperlas. Mi señor Jesucristo estuvo muy cerca de mí todo el tiempo que estuve en México cuidando de mi mamá. Yo lo sentía a cada paso que daba. La última semana mi mamá me llamaba sólo a mí. Éramos seis los hijos de ella allí presentes además de su esposo. Parecía como si yo hubiera sido su única hija. Cuando alguien se le acercaba les llamaba María. En su desvarío decía cosas sin coherencia y aun más difícil de entender para las personas que no conocen a Dios. Me decía "María suéltame la soga" y también "ábreme la puerta" en un tono desesperado. Tres días antes de morir mientras la estábamos bañando ella se veía distraída y muy molesta. Parecía como si algo estuviera pasando en ese momento que la estaba torturando terriblemente. Desesperada me dijo échame agua fría. Mi mamá temía a Dios y sólo le importaba la salvación. Siempre nos recordaba que teníamos un alma que salvar. Ella nunca tuvo ninguna diversión y se dedicó por entero a su familia y a su religión. Pasaba horas enteras rezando en la iglesia todos los días. Mientras pudo no hubo un día que no rezara rosarios y novenas. El Espíritu Santo escudriña nuestros corazones, conoce nuestras intenciones y se asegura que nuestras ataduras sean cortadas. Nuestro señor Jesucristo me envió a mí a cortar sus ataduras en cumplimiento a su promesa hecha a todos los que lo aman. Su palabra dice que nuestra casa y familia serían salvas. Dios por eso le permitía a ella mirarme como su única salida. Ningún otro de sus hijos vivos había entregado su vida al servicio de Dios. Les interesaba más la religión que la salvación. Yo para ellos era una extraña y desequilibrada mental. Escrito está que así seríamos vistos y considerados por las personas que no conocen a Dios. Las personas que andan conforme a la carne no pueden entender las cosas del espíritu (Romanos 8:5).

La gente que escuchaba a mi mamá decirme que le soltara la soga y que le abriera la puerta se preguntaba que querría decirme. Incluso yo misma me hacía esa misma pregunta. Su última noche con nosotros ella sufrió mucho más. Las oraciones que le hice fueron mucho más intensas y largas. Mi Padre celestial se compadeció y la dejó descansar por una hora después de mucha oración y suplica de mi parte. Ya pasaba la medianoche cuando muy preocupada y sin saber que hacer me fui a mi cuarto. Fui a pedirle a Dios consuelo en mi aflicción y perdón por los pecados de mi madre. Guiada por el Espíritu de mi Dios abrí las sagradas Escrituras al azar y me llevé una gran sorpresa. El pasaje dice a los discípulos de Jesús que lo que ellos ataran o desataran en este mundo quedaría atado o desatado en el cielo. Discípulos son aquellos que siguen sus mandamientos y sólo tienen por Dios a nuestro Señor Jesucristo. Medité en eso por un instante y luego pensé que yo era discípulo de Jesús. Hacia poco tiempo que había decidido entregar mi vida a Cristo mi salvador y quería seguirlo siempre. Entendí que Dios me estaba diciendo que hacer para ayudar a mi mamá. Después de leer ese versículo dejé mi Biblia aun lado y me puse a orar diciendo: "mamá en el nombre de mi Señor Jesucristo yo la desato de todas sus ataduras para que pueda ir a gozar de Dios por la eternidad". A partir de ese momento mi mamacita se empezó a morir y expiró al amanecer del día siete de noviembre. Siete es el número perfecto que significa que algo está completo. Para mí eso quiso decir que el propósito de mi viaje se había cumplido. La desaté y se fue a descansar para siempre.

Ahora que ya he leído más las sagradas Escrituras he podido saber que tenemos ataduras que vienen desde nuestros ancestros por generaciones. Esas ataduras nos tienen atados al demonio donde estamos cautivos a su voluntad (II Tim. 2:26). Cuando desobedecemos a Dios y lo ofendemos nuestras ataduras se aprietan y su ira afecta hasta la tercera y cuarta generación (Isaías 28:22). Yo le pedía a nuestro Señor Jesucristo con todo mi corazón por la salvación de mi mamá. Debemos orar mucho y vivir en obediencia para romper esas ataduras en el nombre de Jesucristo. Debemos evitar ofender a Dios con nuestras idolatrías y desobediencia para que nuestras sogas no sigan amarradas como decía mi mamá. En un sueño Dios me reveló la salvación de mi madre. Pocos días después de su muerte yo la levanté de su lecho de muerte. La tomé en mis brazos y con ella crucé por una puerta bien pequeña. Con trabajos cupimos las dos por esa puerta. Las sagradas Escrituras dicen que la puerta al cielo es muy angosta (Lucas 13:24). El claramente me mostró que mi mamá fue salva debido a que él no falla a sus promesas y a su gran amor y misericordia. A ella su desobediencia y la de sus ancestros debido a sus creencias la tenían atada al mundo y no se podía ir. Ella en el fondo de su alma sólo deseaba agradar a Dios pero no sabía como. Fue victima de una religión que no se enfoca en enseñar la verdad, sino todo lo contrario. Creo que no se podía morir por que mi Padre celestial que es todo amor no me iba a dar algo que me fuera afectar tanto. Las Escrituras dicen que "cual hijo le pide un pan o un pescado a su padre y este en cambio le da una culebra o una piedra", mucho más hace nuestro Padre celestial (Mateo 7:9-11). Esto me explica el porque mi mamá me decía que le soltara la soga y le abriera la puerta. Parece que el Señor le estaba dejando mirar las dos opciones que hay después de la muerte. Ella quería entrar o salir de un lugar porque me lo decía con desesperación.

Las Escrituras dicen que cuando las personas mueren sus espíritus van a dos diferentes lugares. Una de las opciones es el hades o la otra es el paraíso. Esta conclusión es sacada del pasaje del hombre rico y Lázaro el mendigo (Lucas 16:19-31). Un lugar está en la presencia de Dios y el otro separado de él. Según esa revelación en ese lugar hace un calor atroz y mucho sufrimiento. Así mismo lo vi en uno de los sueños donde el Señor me revela sus secretos para que los comparta. En ese lugar hacía muchísimo calor pues parecía como si apenas se hubiera extinguido una hoguera. Todo era seco y demasiado caliente. Yo pienso que mi mamá me pidió que le echara agua fría porque estaba visitando ese lugar de tormento con permiso del Creador. Dios le estaba mostrando a donde podría haber ido por causa de su idolatría y por no buscar la verdad la cual se encuentra en las sagradas Escrituras. Dios promete al que Lo sigue que él, su casa y su familia serán salvos y a mi me ha revelado que ha cumplido su promesa como lo hace siempre. Dios es leal y recto en toda la extensión de la palabra. Algo totalmente extraño sucedió durante sus funerales. Ningún sacerdote estuvo disponible para la acostumbrada misa antes del sepelio. Un sacerdote vino a oficiar una misa el día en que mi madre murió. El féretro de mi madre por poco se les cae en la mera entrada del templo. Lo alcanzaron a detener pero el cristal protector se les rompió. Pareciera como si nos estuviera tratando de decir que no quería nada con esa religión. Por lo menos yo así lo entendí.

La Biblia nos da indicios que las personas que siguen a Jesús y sus mandamientos cuando mueren van al seno de Abraham. Cuando el hombre rico murió fue enterrado con todos los honores que se merecía por ser rico. Cuando murió Lázaro el mendigo que deseaba comer las sobras de los perros del rico, los ángeles lo envolvieron y se lo llevaron. El rico fue al lugar caliente que yo miré en mis sueño y desde allá miró a Abran y a Lázaro muy tranquilos en otro lugar donde no sufrían nada. Desesperado el hombre rico le dijo a Abraham que por favor le permitiera a Lázaro que se mojara un dedo y se lo pusiera en la lengua para calmarle la terrible sed que sufría. Además le pidió que mandara a Lázaro a la tierra para avisarles a sus hermanos y familia acerca de sus sufrimientos para que ellas no tuvieran la misma suerte. La respuesta de Abraham fue que no era posible porque entre ellos existía un gran abismo, o una gran sima inalcanzable. Además le dijo que no le creerían nada a Lázaro porque Dios ha mandado a Moisés y a los profetas y no les creen. Esto del seno de Abraham o el paraíso yo aun no lo sabía, pero en un sueño miré a dos personas caminando al otro lado de un rió vestidas con una túnica larga. Las vi alejarse de mí pero supe que una era mi mamá y la otra persona era Abraham. Mi Padre celestial me ha revelado varios secretos y eso me hace quererlo más cada día.

*Capítulo 18*

# La Religión y la salvación dos cosas opuestas

Leí en un libro de literatura iberoamericana una frase que dice que "la religión es el opio del pueblo." En esa historia escrita por Miguel de Unamuno un sacerdote sufre por enseñar una doctrina en la cual no cree. Lo hace sólo por ganar el sustento de su familia y por mantener a la gente ocupada creyendo algo. El en realidad era un ateo mentiroso. Opio es una de tantas drogas que adormecen los sentidos y quitan la habilidad de poder tomar decisiones propias. Que gran verdad es esa en cuanto a las religiones. Las doctrinas que no tienen una enseñanza basada en las sagradas Escrituras están fuera de la verdad. Hacen creer a la gente que sólo a través de esas religiones serán salvos y les dicen que no acepten a nadie que no sea de su misma religión. A través de los siglos los judíos has sido humillados y despreciados alrededor del mundo. La Palabra de Dios dice que los que los bendigan serán bendecidos y los que los maldigan serán maldecidos. La salvación llegó a través de ellos pues Jesús era judío. Ellos fueron el pueblo elegido de donde salió nuestro Salvador.

Las religiones nos inducen a adorar imágenes y estatuas de piedra o de madera y organizan grandes celebraciones en honor de esas estatuas. Las estatuas son llevadas en procesión por las calles donde la gente les canta himnos y alabanzas como si fueran Dios y después niegan que las adoren. Desconocen la definición de adoración y argumentan que solamente las veneran. La gente dentro de su ignorancia ofende grandemente a nuestro Señor Jesucristo. Niegan la verdad acerca de nuestro único Salvador Jesucristo y presentan a otras personas como mediadoras. Las sagradas Escrituras claramente dicen que Jesucristo es el único mediador entre nosotros y el Padre (1Tim.2:5). No necesitamos pedirle a ningún santo, ni apóstol ni virgen que interceda por nosotros. Sólo debemos usarlos de ejemplo en nuestras vidas y vivir de la manera que ellos lo hicieron. Esas religiones hacen creer a la gente que la salvación se gana mediante las obras. Inventan rituales paganos como penitencia para el perdón de sus pecados. La gente engañada camina de rodillas largas distancias a visitar imágenes religiosas buscando ayuda en sus aflicciones.

La salvación viene por la gracia de Dios derivada de nuestra fe en Cristo Jesús. Hasta se les hace creer que los hombres son capaces de perdonar pecados y eso no es verdad. Dios es el único que puede hacerlo. Le llaman padre al líder religioso ignorando la Palabra de Dios que nos advierte en contra de eso. "*A nadie llamaran padre, por que sólo hay un Padre*" (Mateo 23:9). Algunas doctrinas dicen que las personas reencarnan en animales y les rinden culto a esos. Otras religiones engañan tanto a los feligreses que los inducen a sacrificar su vida y la de otros. Les ofrecen una atractiva recompensa en el otro mundo tal es el caso del Islam. Se le promete que si matan a los judíos recibirán un montón de doncellas por esposas en el cielo. En otras religiones se ofenden cuando alguien pronuncia el nombre de Jehová o Yahvé por que desconocen que solamente significan Señor en hebreo. Así lo llamaban los Israelitas cuando hablaban con él. Otras definitivamente niegan que Jesús sea Dios. Alegan que solamente es el hijo de Dios y que es hermano de los arcángeles y de Satanás. Me refiero a la secta de los Testigos de Jehová que hasta el nombre es irónico.

La salvación es muy sencilla y fácil de alcanzar. No necesitamos tener una religión para lograrla sólo una relación cercana a Dios. Simplemente nos basta con aceptar que Jesucristo vino al mundo a morir por nuestra salvación y que él es nuestro único Dios y Salvador. La salvación no se puede ganar con ninguna obra ni rezando rosarios, ni novenas ni nada de eso. Es un regalo gratuito de Dios que no merecíamos. Nosotros podríamos hacer miles de sacrificios pero si Jesús no hubiese muerto para redimirnos no tendrían ningún objeto por que la puerta del cielo seguiría cerrada. Jesús vino al mundo a destruir las obras del maligno que creía que la muerte perduraría por la eternidad. Jesús venció la muerte colgado de la cruz y nos abrió la puerta del cielo. Pero esto no quiere decir que se haya cerrado la puerta del infierno. Ahora tenemos dos opciones para escoger entre seguir a Jesús o seguir al demonio. Si deseamos seguir a Jesús antes debemos arrepentirnos de todos nuestros pecados y pedir perdón a Dios por ellos. Debemos amar a Dios con todo nuestro corazón, nuestra alma y nuestro ser y obedecerlo en todo lo que él manda según las sagradas Escrituras.

No necesitamos seguir una doctrina de hombres. Debemos desarrollar una relación con Dios y mantener un estrecho contacto con él todos los días. Cuando nosotros aceptamos a Jesús como nuestro único salvador, él Padre celestial nos envía a su Espíritu y desde ese día somos salvos. Jesús dijo que para ver el reino de Dios necesitamos nacer de nuevo de agua y del espíritu (Juan 3:3). Antes de recibir el espíritu de Dios mediante su hijo Jesucristo nuestro espíritu estaba muerto y al recibirlo es como nacer otra vez. Cuando nuestro espíritu revive nosotros ya no somos los mismos. Somos creaturas nuevas guiadas por el Espíritu Santo quien nos ha transformado. Todas las cosas viejas han pasado Dios las ha hecho nuevas en nuestra vida. El espíritu de Dios nos guía por el camino de la verdad y somos alertados antes de cometer algún pecado grave. Todavía pecamos pero no de la misma manera que antes lo hacíamos porque el Espíritu Santo que vive en nosotros no nos lo permite. Los genes del demonio en nuestra carne que traemos por el pecado de Adán en el huerto son vencidos en gran manera. Si nos mantenemos en continua oración y agradecimiento por todas las bendiciones que a diario recibimos el Espíritu Santo nos protege en contra de las tentaciones. No necesitamos ir a ningún intercesor para que hable por nosotros. El Espíritu Santo que vive en nosotros se comunica directamente con Dios nuestro Padre celestial.

En el Antiguo Testamento cuando Jesús no había venido al mundo Dios había nombrado a un sumo Sacerdote que servia de mediador. Con la muerte y resurrección de Jesús se nos dio el Espíritu Santo para que oremos directamente al Padre celestial Yahvé o Jehová en el nombre de Jesucristo su único hijo. Jesús se convirtió en el sumo sacerdote que sirve de mediador entre nosotros y el Padre. La cortina del templo se rompió de arriba hacia abajo en el momento en que Jesús moría dándonos libre acceso al Padre. Lo hermoso de todo esto es que no necesitamos morir para ser saber si somos salvos. El morir a este mundo no es temor ya porque sabemos que en el otro hay un gran premio. La salvación se gana aquí en el mundo. Es aquí donde debemos ganar el pase para entrar al cielo. Una vez que tenemos ese pase difícilmente lo podemos perder porque el Señor hace todo lo posible por retenernos a menos que nosotros así lo queramos. La Biblia nos advierte del peligro de alejarnos de Dios después de conocerlo porque estaríamos blasfemando al Espíritu Santo y ese es el único pecado que no tiene perdón.

Los mandamientos de Dios no se podían cumplir sin el sacrificio de Jesús en el calvario. No fueron dados para salvar a nadie sino para enseñarnos la diferencia entre el bien y el mal. Por eso decimos que la salvación no se puede ganar con obras. Jesús dijo que no vino a abrogar la ley sino hacer que se cumpliera (Mateo 5:17-18). La Biblia dice que todos hemos pecamos y que todos estábamos destituidos de la Gloria de Dios hasta que Jesús vino a justificarnos gratuitamente por su gracia y su perdón (Romanos. 3:23-24). Si analizamos de a uno por uno los mandamientos en (Éxodos 20:1-17) podemos comprobarlo. Dios sí quiere que los sigamos pero él sabe nuestras imperfecciones y por eso sólo nos pide que tengamos fe y nos entreguemos a él por entero. Ustedes quizás pensarán que esto es difícil de hacer pero yo les digo que no lo es. La vida con Dios es mucho más fácil de llevar porque él nos guía en todo momento. De verdad no se extrañan las cosas del mundo que antes se disfrutaban. Los hijos de Dios ya no pertenecen al mundo aunque vivan en el mundo. Cuando se nace de nuevo nuestra manera de pensar cambia y nos convertimos en otras personas. Ya no pensamos en nosotros solamente sino en servir y amar a Dios y a nuestro prójimo. Nos dedicamos a buscar la manera de agradar a Dios. Sólo deseamos cumplir el propósito que Dios tenía para nosotros desde el momento que nos llamó a ser hijos suyos. Queremos ser árboles que den abundantes frutos para no ser cortados de la tierra y arrojados a la hoguera para que se quemen. Obviamente las personas que hacen daño a otras y que sólo buscan su conveniencia no tienen al Espíritu de Dios. En otras palabras ellos no han nacido de nuevo y por lo tanto no verán el reino de Dios (Juan 3:3).

*Capítulo 19*

# De la oscuridad a la luz

*Mas a todos los que le recibieron, a los que creen en su nombre, les dio potestad de ser hechos hijos de Dios.* (San Juan 1:12)

Todos somos creación de Dios pero solamente los que creyeron en él son sus hijos. Cuando uno no conoce a Dios ve cosas que no parecen ordinarias pero no les da importancia. Nuestro espíritu está muerto y no puede haber una comunicación directa con Dios nuestro Señor. Ahora que lo conozco se que él ha estado muy cerca de mí y me vigilaba pero yo no lo veía porque andaba a obscuras. ¿Por qué dije que nuestro espíritu esta muerto? Es muy sencillo como ya antes lo mencioné. Cuando Adán y Eva comieron del fruto prohibido su espíritu murió. Fueron separados del Espíritu de Dios que da vida eterna. La muerte no existía. El pecado entró por el estómago y su consecuencia es la muerte. El pecado viene de Satanás y ellos al comer ese fruto trajeron los genes de Satanás al cuerpo. El jardín del Edén que Dios les dio para que se enseñorearan de él fue traspasado al enemigo. Desde ese día el hombre perdió todo control y fue arrojado de allí. Ahora todos nosotros tenemos los genes del demonio en nuestro cuerpo y ellos rigen nuestra vida diaria. Ahora tenemos una naturaleza depravada o pecadora. Nuestro cuerpo es nuestro enemigo. Este es el porque de tanto crimen y maldad en el mundo. Es por eso que todos los días cometemos pecados hasta sin querer. ¿Cómo revivimos el espíritu de vida? También es sencillo revivir el espíritu. Sólo necesitamos la gracia de nuestro Señor Jesucristo que viene por la fe. Debemos reconocer que Jesucristo vino al mundo y venció la muerte resucitando al tercer día. Si nosotros decidimos seguirle tendremos vida eterna. Pablo dice que si confesares con tu boca que Jesús es el Señor y creyeres en tu corazón que Dios le levantó de entre los muertos serás salvo. (Romanos 10:9-10). Una vez que hayamos decidido seguir a Cristo y sus enseñanzas recibimos la promesa que Jesús hizo antes de ascender al cielo. El dijo a sus discípulos que se iba pero que no los dejaría solos. Les prometió un consolador él cual es el Espíritu Santo que procede del Padre. Les dijo que todo lo que pidieran al Padre en el nombre de su hijo Jesucristo les sería concedido. Cuando nosotros recibimos al Espíritu Santo, nuestra vida se trasforma y los frutos del Espíritu se empiezan a manifestar en nuestras acciones. *Mas el fruto del Espíritu es amor, gozo, paz, paciencia, benignidad, bondad, fe.* (Gálatas 5:22-23) A partir de ese día nos hacemos de un enemigo poderoso que es Satanás. Pero el Espíritu de Dios es mucho más poderoso y con él siempre vamos a vencer toda tentación. Las personas que tienen el Espíritu de Dios no le hacen daño a nadie por que tienen amor para todos así como Jesucristo nos amó y dio su vida por nuestra salvación. Las personas que tienen a Cristo en su corazón sólo piensan en los demás y en la manera de agradar a Dios. Es así como te das cuenta si son verdaderos Cristianos. Jesús dijo que al buen árbol se le conocerá por su fruto (Mateo 7:16).

## Reconociendo la protección divina.

Jehová nuestro Dios tiene un plan para cada uno de sus hijos y nos lo manifiesta a través de nuestra vida diaria. Dios ha estado moldeando mi carácter a través de todos los sufrimientos que he pasado a lo largo de mi vida. Pobreza, humillaciones y necesidades de todo tipo despertaron el deseo de superarme y lograr todo lo que me hizo falta en mi niñez y juventud. He estado en peligro de muerte demasiadas veces mas sin embargo no me he ido porque el Señor nuestro Dios así lo tiene dispuesto. El hambre nos forzaba a mis hermanos y a mí a buscar el alimento diario sorteando todo tipo de peligros que por ser mujer se duplicaban. La vida en mi pueblo era difícil pues vivíamos rodeados de animales ponzoñosos y bestias salvajes. Era necesario hacer trabajos peligrosos donde era común caminar entre serpientes y escorpiones para poder conseguir nuestro sustento diario. La comida era muy escasa y se carecía de toda comodidad. Hasta las necesidades más básicas como ropa y zapatos eran difíciles de satisfacer. Los mosquitos hacían estragos de nuestros cuerpos y nos trasmitían todo tipo de enfermedades. Crecí con el cuerpo lleno de llagas y cicatrices que dejaron los padecimientos sufridos por causa de la pobreza. Ahora sé que el maligno trató de terminar con mi vida pero no lo pudo hacer porque Dios siempre me protegió.

Cuando tenía cinco años vivía en un pequeño poblado donde no había doctores ni hospitales y solamente una familia que tenía carros. Fui picada por un escorpión mientras dormía que por poco termina con mi vida. En ese pueblo había muchos escorpiones o alacranes y casi todos los niños que eran picados morían a causa del veneno de esos insectos. El veneno del alacrán entume todo el cuerpo hasta que el corazón también se paraliza. Mi cuerpo era ya un manojo de carne y huesos sin ninguna fuerza, cuando mi tío llegó con su carro para llevarme al hospital más cercano. De mi boca salía mucha espuma cuando finalmente llegamos al hospital que se encontraba como a dos horas de mi casa. Gracias a Dios cuando llegamos al hospital el doctor tenía el antídoto para el veneno y fui inyectada inmediatamente.

En otra ocasión estuve a punto de morir ahogada mientras nadaba en un deposito de agua de 2.5 metros de profundidad. Yo tenía más o menos seis años. Todos los días acostumbrábamos a ir a nadar a esa represa con un adulto. Entre mis primos y yo éramos más de una docena de chicos entre las edades 5 a 12 años. Mi tía la que nos llevaba no sabía nadar. Nosotros nos las ingeniábamos para aprender a nadar por nuestra cuenta haciendo todo lo posible. En una ocasión mientras trabajaba de aprender a nadar en una esquina me empecé a hundir. Yo estaba desesperada y no había nadie que me ayudara. Sentada cerca de la esquina estaba mi prima que era un poco menor que yo y tampoco sabía nadar. Mi cabeza ya se estaba hundiendo cuando de repente sentí que alguien me tomaba del cabello y me jalaba hacia arriba. En ese momento pude ver a mi prima que con dificultad me acercó a la orilla. Ahora puedo ver que fue mi Padre celestial, mi Señor Jesucristo quien alertó a mi prima para que me salvara de morir ahogada en ese día. Un niño o niña a esa edad no reacciona de esa manera por si sola. Finalmente yo ahora puedo darle la gloria a mi Padre celestial por ese prodigio.

Los peligros eran sorteados todos los días. Siempre andaba subiendo a los árboles en busca de comida. Un día regresando de la escuela me subí a un árbol de manzanillas silvestres como acostumbraba a hacerlo cuando era el tiempo de cortarlas. Mi madre siempre nos decía a mis hermanos y a mi que no lo hiciéramos porque podríamos caernos pero yo no le hacía caso. El hambre podía más que mis deseos de obedecer a mi madre. El árbol tenía más o menos tres metros de altura y yo me caí desde lo alto. Con dificultad me levanté con mucho dolor y me fui a casa ocultándole a mi madre lo que pasó. Así mi vida trascurrió con muchos sacrificios para sobrevivir. Mi familia consistía de trece miembros. Mis padres, 7 hermanos y mis 3 hermanas. Todos teníamos que trabajar duro para ayudar con los gastos de la casa. Mis hermanos y yo vendíamos frutas silvestres en los pueblos de los alrededores. Salíamos tempranos de la casa para buscar comida para nuestros animales de los cuales nos alimentábamos. Andábamos entre fieras salvajes y serpientes siempre protegidos por la providencia divina. Aunque no conocía a Dios, él me cuidaba diariamente.

Cuando terminé la escuela primaria mis sacrificios aumentaron. Ahora tenía que levantarme más temprano para poder ayudar a mi madre con los quehaceres y alcanzar a tomar el único autobús que nos trasportaría a la escuela. Mi padre emigraba a los Estados Unidos todos los años en busca de trabajo pero nunca encontraba buenas oportunidades. El nos dejaba solos con mi mamá y ella se las ingeniaba para que nosotros comiéramos lavando ropa ajena. Mis hermanos y yo nos íbamos a la escuela a las seis de la mañana y no regresábamos hasta siete de la tarde. La escuela secundaria en ese tiempo era mañana y tarde. Mi madre con muchos trabajos nos daba cinco pesos diarios a cada uno de nosotros. Éramos cuatro hermanos asistiendo a la secundaria a la vez. El autobús nos costaba cuatro pesos y nos sobraba un peso para todo el día. Con un peso sólo podíamos comprar dos tacos fríos de papas o de frijoles que vendía una muchacha. Cuando salíamos de la casa, lo único que comíamos eran tortillas recién hechas con sal y algunas veces con un huevo. No siempre había huevos porque los vendíamos para sacar dinero para el pasaje. La leche y el queso los teníamos sólo durante los veranos porque era el único tiempo que había suficiente comida para las vacas. Nosotros teníamos unas cuantas vacas pero no teníamos un potrero para ellas. Ellas se alimentaban con lo que encontraban por los caminos. Por mucho tiempo no sabíamos donde encontrarlas. Durábamos días buscándolas y a veces morían sin que nos diéramos cuenta. Así transcurrieron otros tres años de mi triste existencia. Con mucho sacrificio tanto de mis padres como el mío propio terminé la secundaria.

Después de terminar la secundaria mis padres se movieron a vivir en un lugar solitario. Vendían comida a los que trabajadores de una carretera en construcción. Yo tenía catorce años entonces. Mi madre estaba embarazada otra vez y esperaba a mis dos hermanos menores. Vivíamos en una choza de cartón y paja sin ninguna seguridad. Mi papá otra vez nos abandonó sin importarle la situación de mi mamá y emigró a los Estados Unidos como todos los años. Mi madre vivía con miedo de tenerme allí, porque era muy común que las muchachas de mi edad fueran raptadas y violadas. Gracias a Dios no sucedió tal cosa. Los trabajadores de la carretera nos protegían seguramente por que Dios los enviaba. En una ocasión unos criminales quisieron asaltar al que pagaba la nomina de los trabajadores. Eran dos hombres que comían en nuestro comedor. No pudieron hacerlo, por que el carro alcanzó a escapar. Ellos para protegerse vinieron a esconderse en nuestra chocita. Traían armas de alto calibre y parecían borrachos o quizá drogados. Sabían que mientras estuvieran allí nadie les haría nada. Ellos tenían razón, Dios nos estaba protegiendo. La policía los esperó en una curva que estaba cerca hasta que se fueron de la choza donde nosotros vivíamos. Ellos amenazaron con matarnos si decíamos algo. Mi madre apenas si podía moverse. Estaba en el séptimo mes de embarazo de gemelos, muy mal nutrida sin ningún cuidado extra o vitaminas. Cumplió cuarenta y cuatro años el día en que nacieron los gemelos.

Cuando los gemelos nacieron nos regresamos a vivir a mi pueblo. Yo empecé a trabajar en un restaurante como cocinera y mesera al mismo tiempo. En el restaurante donde trabajaba conocí a un señor y a su hija los cuales me ofrecieron la oportunidad de seguir estudiando. Eso era lo que yo más deseaba con todo mi corazón. Ellos me ofrecieron casa y comida que era lo que yo necesitaba cerca de una preparatoria. Yo debía pagar el favor por medio de mi trabajo como sirvienta. Me engañaron, pues cuando llegué a su casa sólo querían que trabajara sin darme tiempo para ir a la escuela. Cuando llegamos al viernes de mi primera semana en la preparatoria me corrieron de su casa. Me perdí en el camino y llegué tarde a su casa. No conocía la ciudad ni las rutas de autobuses. Me fui a mi casa por el fin de semana pero quería seguir estudiando. El próximo lunes regresé a la preparatoria sin tener un lugar donde pasar la noche. Durante el día les platiqué a algunos compañeros de clase acerca de mi situación y una muchacha ofreció ayudarme. Me llevó a la casa de unas personas que ella conocía y les preguntó si me podría quedar con ellas por un tiempo. Ellas a pesar de ser muy pobres me aceptaron en su casa con mucho gusto. Dios siempre estuvo presente cuidándome para que no me faltara lo indispensable para vivir.

Después de que me fui de esa casa, viví en muchas otras. Siempre surgen problemas por lo cual se escribió el siguiente dicho: "el muerto y el arrimado a los 3 días hieden". Fui humillada muchas veces por ser pobre. Iba a la escuela mañana y tarde tratando de aprovechar el tiempo al máximo. Por las tardes asistía a una academia de secretarias. Cuando terminé la academia empecé a trabajar en oficinas donde conseguía trabajos que sólo me duraban poco tiempo. Siempre había envidia y celos. Como era pobre y no tenía influencias siempre salía perdiendo aunque desempeñara bien mi trabajo. Así trabajando y yendo de un lugar a otro pude terminar licenciatura en administración de empresas. Aún como profesional fue difícil conseguir trabajo. En todos lados me despreciaban por no tener padres o amigos influyentes. En todos lados querían tomar ventaja de mi juventud y de mi pobreza. Lo triste de todo eso es que andaba a oscuras sin esperanzas de encontrar salidas. Dios estaba preparando el camino para mí encuentro con él aunque yo no lo sabía.

Me moví a los Estados Unidos por causa de mi embarazo, resultado una violación. Subí al carro de un conocido que ofreció llevarme a una distancia un tanto corta adonde yo debía llegar. Sufrí demasiado al enterarme que estaba embarazada por que no sabía que hacer. Decirles a mis padres me aterrorizaba por que mi papá siempre nos amenazó con lo peor si eso ocurría. Nos decía a mis hermanas que deberíamos olvidarnos que teníamos padres. Estuve a punto de casarme con la persona que me violó sólo para cubrir las apariencias pero mi destino era otro. Dios usó a esa persona para llevar a cabo su plan en mi vida. De un día para otro decidí moverme a los Estados Unidos. Para poder hacerlo tuve que confesarle a mi mamá la verdad. Ella se puso muy triste pero me dijo que eso era lo mejor por que no quería que mis hermanos me humillaran. También sabía que la gente se iba a burlar de mí. Ella me dio todos sus ahorros que sólo me alcanzaron para costear mi viaje hasta Tijuana en autobús.

Cuando llegué a los Angeles mi vida fue de mal en peor. Por la necesidad de un hogar para mi hija me vi forzada a aceptar una relación errónea. Me moví a vivir con una persona que sufría de un gran trauma emocional y ciertas adicciones. Mi situación empeoró por que de repente me encontré viviendo con un desconocido que además tenía tres niños. Yo necesitaba un hogar y él necesita una madrastra para sus hijos abandonados por una madre drogadicta. Sufrí mucho por los celos y desconfianza de ese hombre. No me permitía saber el número de teléfono de la casa para asegurarse de que no se lo daba a nadie. Me sentía tan sola en un mundo desconocido y rodeada de personas desconocidas. Cuando mi hija tenía pocos meses tuve que huir de esa situación pero mi vida empeoro aún más. Fui de casa en casa sufriendo humillaciones a pesar de que les pagaba renta. Me humillan y me echaban solamente por que mi hija lloraba mucho y les enfadaba. La gente dice que si las madres lloramos mucho cuando estamos embarazadas los niños nacen llorones. Quizá ese fue el caso con mi hija. Vivía la mayor parte del tiempo en los parques públicos para que mi hijita no molestara a la gente donde vivíamos. En los parques era acechada por personas malvadas que buscaban tomar ventaja de mi situación. Me atrevo a decir que Dios me ha hecho invisible en varias ocasiones para librarme de peligros seguros. En más de una ocasión vi a personas que me quisieron atacar, reaccionar de manera extraña. No tengo palabras para agradecerle todo lo que ha hecho por mí. Estoy segura que nadie las tiene porque así nos cuida a todos.

## Dios es nuestro amparo en la tribulación

*"porque no menospreció ni rechazó el dolor del afligido, ni de él escondió su rostro, sino que cuando clamó a él, lo escuchó" (Salmo 22:24).*

Dios nos creó seres humanos con sentimientos y pensamientos y no como robots. Los robots no sienten ningún dolor en cambio los seres humanos sí lo sentimos. La recompensa del sufrimiento es la eterna compañía de Dios. El está a nuestro lado para consolarnos, fortalecernos y darnos de su Espíritu. El dolor es una de las herramientas que Dios usa para hacernos crecer en la fe y madurar. El dolor nos impulsa a vencer nuestras limitaciones y a reparar nuestras almas. El dolor es una ventana abierta para mirar más allá de nuestras posibilidades. Es una línea fina que nos conecta con Dios. La siguiente cita bíblica nos muestra las promesas de Dios para todos los que buscan su ayuda. *"El Señor lo sostendrá en el lecho del dolor; ablandará su cama en la enfermedad"* (Salmo 41:3)

Me tomó varios años para finalmente darme cuenta que nosotros somos los arquitectos de nuestro propio destino. Vamos por el mundo ofendiendo a nuestro Creador día a día sin ningún remordimiento. Yo también fui engañada por una religión que me enseñó la idolatría y desobediencia a Dios. Los mandamientos de Dios claramente nos dicen que amemos a Dios por sobre todas las cosas. Yo bailaba y cantaba alabanzas a las imágenes y estatuas de mujeres y de hombres. Anteriormente dije que Dios andaba conmigo y en muchas ocasiones me protegió pero yo nunca le di gracias sino que seguí ofendiéndolo. Pero sí en cambio les agradecía a mis supuestos intercesores. Llegué al grado de hacer brujería y ayunos al demonio sin saberlo. Recuerdo que ofrecí un sacrificio de no comer carnes rojas por nueve días. A la media noche hacía una oración al ánima del soldado descarrilado. Este era un supuesto santo que me debía a ayudar a conseguir mis propósitos. Pregunté a la persona que me instruyó para llevar a cabo este maleficio si eso no era malo. Ella me contestó que no lo era y yo de tonta le creí. Todos los días a la media noche quemaba un pedazo de cartón con el nombre de la persona que deseaba afectar. Primero lo rociaba con un aceite especial que ella me dio. Después de pronunciar el nombre de la persona un cierto número de veces, le prendía fuego. Que estúpida fui al ofender a mi Padre celestial de esa manera por causa de mi ignorancia. Pero que bueno que me fue tan mal y mucho más me merecía. Cuando no conocemos a Dios caminamos a oscuras tropezando y cayendo pero él nos levanta. Mi Padre santo demostró cuan grande es su amor. Tuvo compasión de mí sacándome de esa vida frívola en que vivía. Mejor dicho me sacó del fango y del fandango.

## Dios escucha las oraciones del justo

*Clama a mí, y yo te responderé, y te enseñaré cosas grandes y ocultas que tú no conoces. (Jeremías 33:3)*

Un día conocí a una persona Cristiana que me habló de Dios y me recomendó que leyera las sagradas Escrituras. Uno siempre trata de acercarse a Dios sólo cuando lo necesita y yo en ese momento lo necesitaba mucho. Cuando me vi sola con mi hija y sin un lugar donde vivir me di cuenta que sólo Dios podía ayudarme. Lo que ganaba trabajando sólo alcanzaba a pagar un cuartito donde cabía una cama y la cuna de mi hija. Entonces decidí buscar a Dios. Me puse a leer las Escrituras y empecé a pedirle ayuda. Mi Señor Jesucristo ni tardo ni perezoso vino a mi auxilio y me consiguió un mejor trabajo. Fui a ese lugar de trabajo que me habían recomendado. La entrevista era en inglés. Yo hablaba muy poco esa lengua pero Dios me representó en esa entrevista. El contestó las preguntas que me hicieron. Cuando llegué a la casa ya me habían llamado que me presentara a trabajar el día siguiente. Dios me consiguió ese trabajo que cambió mi vida. Otra de mis peticiones a Dios era que me ayudara a encontrar un hombre que me quisiera a mí y a mis hijos. Allí mismo en ese lugar conseguí las dos cosas que le pedí. Fue obviamente el favor de Dios en mi vida. Como siempre pasa una vez que Dios nos arregla nuestros problemas nosotros nos olvidamos de agradecerle y hasta de que existe. Por años viví alejada de Dios y ni a la iglesia asistía. Pero siempre que tenía problemas me volvía a acordar de él. El me escuchaba y venía a mi auxilio con ese amor incondicional que sólo él posee y sabe dar.

Es bien importante conocer a Dios para saber pedirle acerca de nuestras necesidades. Hay que presentarse con él primeramente y decirle que reconocemos lo que él hizo por nosotros en la cruz del calvario y que queremos conocerlo. El al escucharnos se acerca a nosotros y nos convence de pecado. En ese momento nos arrepentimos sinceramente y pedimos perdón por nuestras ofensas. Dios al instante nos justifica y nos santifica. Borra todos nuestros pecados sin importar la gravedad de ellos. Los pecados son una barrera que se interpone entre nosotros y Dios nuestro Padre celestial. La oración del "Padre nuestro" dice que cada vez que oremos le pidamos perdón al Padre celestial antes de pedirle cualquier otra cosa. Tenía un hermano que vivía siempre metido en dificultades con la ley y eso a mi me atormentaba. Siempre me buscaba para que yo lo ayudara a salir de sus problemas. En una ocasión me sentí tan frustrada. Me arrodillé en el suelo y pedí a Dios con todo mi corazón que sacara a mi hermano de la vida que llevaba. El Señor le dio muchas oportunidades de cambiar pero él nunca quiso hacerlo. La noche que me avisaron que mi hermano estaba muerto yo inmediatamente recordé mi petición. Con un dolor inmenso por la pérdida y un gran resentimiento me dejé caer de rodillas y le reclamé a Dios por su muerte. Le dije que yo quería que lo sacara de ese estilo de vida que llevaba pero no de esa manera. Sentí en ese momento que Dios me dijo que él no forzaba a nadie a hacer lo que no quiere hacer. Debemos exponerle a Dios nuestras necesidades aunque él ya las sabe y pedir que se haga su voluntad. Nosotros no sabemos lo que de verdad nos conviene pero Dios sí porque él ya vio nuestras vidas completas. Este hermano fue a la cárcel tres o cuatro veces seguidas acusado de violencia doméstica antes de morir. La última vez que salió del reclusorio me llamó y me dijo que había decidido cambiar. Que ya había hecho esa promesa varias veces y que esta vez ya no iba a prometer nada. Dijo que su vida iba a ser diferente y que yo la iba a ver. Lo asesinaron ocho días después de que salió de la cárcel, y sí yo espero verlo en la otra vida. Siento que Dios le dio su gracia y su perdón antes de morir. Me aseguró que su vida iba a ser otra y lo dijo de una manera que sonó muy convincente. Pensó en volver con su esposa y me pidió mi opinión al respecto. Yo sigo reclamando la promesa que Dios hizo a sus discípulos de que su casa y su familia serían salvos.

*Capítulo 20*

# El mandato universal

*Por tanto, id y haced discípulos a todas las naciones, bautizándolos en el nombre del Padre, del Hijo y del Espíritu Santo, (Mat. 28:19)*

Aunque seamos tan pequeños como un colibrí, aun podemos hacer la diferencia en la vida de otros. La diferencia se logra sí sencillamente nos dedicamos a servir el propósito para el cual fuimos traídos a este mundo. Dios nos hizo a todos con un propósito y nosotros debemos asegurarnos de cumplirlo. Los propósitos de Dios tienen como objetivo la salvación de almas. Fuimos plantados para que diéramos frutos para que otros los comieran y se saciaran. El dijo que los árboles frutales que no den frutas hay que cortarlos y quemarlos usando como ejemplo una higuera. La iglesia de Dios necesita de todos los miembros para poder funcionar porque somos el cuerpo de Cristo. Un cuerpo tiene muchos miembros vitales para su propio funcionamiento. Todos los hijos de él debemos desempeñar alguna función particular en su cuerpo que es la iglesia. Las funciones son encomendadas de acuerdo con la voluntad de nuestro Padre celestial y a los dones que él nos dio. ¿Cómo sabemos cual es el propósito para el cual fuimos llamados? Jesús dejó una gran comisión que todos debemos seguir la cual dice que vayamos por el mundo haciendo discípulos enseñando su evangelio y bautizándolos. Cuando nosotros tenemos una relación con Dios él nos prepara y nos guía en el cumplimiento de esa comisión. El nos mueve de un lado otro y provee los medios para que le sirvamos. Nosotros sólamente debemos de decirle que estamos a su disposición y entregarle nuestras vidas para que nos use de acuerdo a su voluntad. Algunas veces nos desesperamos porque no vemos ninguna respuesta pero uno debe saber que nuestro Dios trabaja a su propio ritmo. Creemos que nos está ignorando pero eso no es verdad porque él nos está preparando para asegurarse que no le fallamos.

Servirle a Dios implica ayudar en el ministerio de salvación de almas. Ayudar a salvar almas es un proceso complicado. Los servidores tenemos que luchar contra huestes espirituales y fuerzas satánicas. Para lograr eso debemos prepararnos muy bien. Debemos conocer la palabra de Dios. Necesitamos crecer grandemente en la fe y en el amor porque son las armas que detendrán los dardos de fuego lanzados por el demonio (Efesios 6:10-18). Cuando el maligno ve que nos estamos preparando para quitarle almas se siente amenazado. Empieza a poner obstáculos en nuestro camino y todo tipo de trabas para que nos desanimemos. Cuando ve que proseguimos, se vale de todo tipo de artimañas para engañarnos. Usa a las personas que más queremos para tratar de disuadirnos y quitarnos la paz. Desde el momento que conocí a Dios tuve mucha fe. Me sentí fuerte y capaz de enfrentarme inmediatamente al maligno pero el Señor sabe si estamos listos o no. Al principio uno se siente que todo lo sabe y todo lo puede porque somos niños espirituales. Los niños no entienden las consecuencias de sus actos por su inmadurez. Pero Dios nos está cuidando en todo momento. Si todavía no estamos fuertes en la fe y en la palabra Dios no nos permite enfrentarnos directamente al enemigo.

Cuando me fui a ver a mi hermano que había sido liberado del secuestro, mi Padre celestial se aseguró de que yo fuera bien protegida. Dios sabía que iba a un lugar infestado de demonios. Había entonces en mi pueblecito una persona poseída por demonios. Yo quise acercármele pero mi Señor Jesucristo no me dejó hacerlo. Dos veces caminé hacia su casa con mi Biblia en la mano y nunca logré acercármele por una razón u otra. En una ocasión mientras hablaba con una sobrina de esa señora acerca del peligro que la familia enfrentaba, el demonio me rugió como un perro rabioso. Al día siguiente traté otra vez de acercarme a ella pero sólo pude hablar con su cuñada quien me contó que tenía mucho miedo por su hermano. Su hermano estaba en peligro de muerte pues ella había tratado de matarlo varias veces. Le trató de clavar unas tijeras en la espalda en una ocasión. Visité a la cuñada para orar por protección y les leí varios capítulos de la Biblia incluyendo algunos salmos. Les explique la necesidad de santificarse para poder vencer al enemigo que estaba causando tantos problemas en esa familia. Mi mamá vino a buscarme para volver a casa. De camino a casa pasamos frente a la iglesia del pueblo la cual tiene una gran cruz en el techo. Más o menos a unos veinte metros de distancia de la iglesia percibimos un fuerte olor a gas butano. El olor nos llegó tan fuerte como si estuviéramos oliéndolo directamente de un tubo de escape. En el mismo momento que olíamos ese gas también sentí una hola fría que me erizó la piel. Mi mamá no sintió nada estando junto a mí. Pero si preguntó que a quien se le estaría tirando el gas. Ahora que conozco un poco más las sagradas Escrituras entiendo que entonces no estaba bien armada para enfrentar al enemigo y por eso Dios no me permitió acercarme. Dios me andaba cuidando y estoy segura que los ángeles de mi Padre celestial también andaban conmigo.

## Las pruebas se vuelven más duras

Dios nos está preparando siempre y cada vez que nos ve fuertes nos da oportunidades de poner en práctica lo aprendido. Estos testimonios que voy a narrar son las pruebas más recientes que he tenido que pasar con la ayuda de mi Padre celestial. Mientras manejaba de camino al trabajo y a dejar a mis hijos a sus escuelas ocurrió un altercado violento. Mi hijo de veinte años amenazó con matar a su hermana menor de dieciocho por razones desconocidas para mí. No sabía que tenían problemas entre ambos pues ellos se quieren mucho. Al escuchar lo que mi hijo dijo levanté una mano al cielo y empecé a orar. Mi hijo al ver mi reacción se volvió contra mí y empezó a amenazarme y a decirme palabras fuertes y malsonantes con un odio terrible reflejado en su cara. Me detuve en una gasolinera para tratar de resolver el problema. Antes de parar totalmente el carro mi hijo se salió de su asiento trasero y corrió a abrir mi puerta violentamente. Aseguré mi puerta y al ver que no la podía abrir empezó a patearla con fuerzas profiriendo insultos, blasfemando y pidiéndome la biblia para romperla. Yo seguí orando con mis manos arriba pidiendo la ayuda divida. Dios inmediatamente envió a sus ángeles. Tres hombres estuvieron allí para ayudarnos hasta que mi hijo insultándonos se subió al autobús y se fue a su escuela. El problema no terminó en ese momento, la prueba continuaría un poco más intensa cuando mi esposo se involucró en el problema. Los esfuerzos por dialogar y llegar a un arreglo fueron todos rechazados con amenazas de muerte para todos en la familia. Al llegar al estacionamiento de mi trabajo sentí que Dios me sugería que regresara a ungir mi casa con aceite y lo hice. Ungí toda la casa incluyendo la cama, ropa y zapatos de mi hijo. Reprendí a las fuerzas del mal para que se retiraran de él. Pedí a Dios que enviara protección divina a cuidar de mi casa y de mi hijo. Ahora ha vuelto a ser el mismo muchacho cariñoso de antes, tres días más tarde me trajo un regalo diciéndome que me ama mucho.

La policía no quiso ayudarnos aunque le mostramos prueba de las amenazas. Nos sugirió que fuéramos a la corte para poner una orden de restricción. De camino a la estación de policía yo le pedí a Dios que no permitiera que hiciéramos algo que iba ser adverso y en contra de su voluntad. Ahora le doy gracias porque él en su infinita sabiduría evitó que le hiciéramos más daño a mi hijo del que ya tenía. Mis oraciones y un ayuno de 21 días que había empezado hacía una semana me fortalecieron para pasar esta prueba. Era claro que mi hijo estaba bajo la influencia de fuerzas malignas que había permitido entrar en su vida debido a su estilo de vida. Hacía días que notaba que su carácter se estaba transformando en agresividad. No quería hablar con nadie. Pasaba horas haciendo pulseras de piedras y usando la computadora. Hacía comentarios desagradables acerca de Dios lo cual me molestaba. Un día mientras oraba sentí que debía ponerme a ayunar. No sabía la razón, pero Dios si la sabía, puesto que hay demonios que no salen sin ayuno y oración. La tormenta duró todo un día pero al caer la noche todo terminó. Después de la tormenta me puse a reflexionar en el daño que le iba a causar a mi pobre hijo al enviarlo a la cárcel en ese estado tan deplorable. Me imagino lo duro que sería para mi pobre hijo saber que sus propios padres lo estaban hundiendo en lugar de ayudarlo. Gracias a Dios que no nos abandona en las pruebas.

Una semana más tarde Dios me dio otra prueba dura. Mi hija quien se había alejado de Dios y de mí vino a visitarme. Me buscó para hablar conmigo. Varias veces había tratado de hablar con ella pero era imposible. Me evitaba a toda costa culpándome por sus problemas. Dios me había hecho sentir que tenía una sorpresa para mí ese día. Estuve hablando con Dios pidiéndole que me preparara para recibir lo que tenía para mí. Me recordó que estaba siendo manipulada por mi hija para que no le dijera nada acerca de su estilo de vida. Entró a mi cuarto y empezamos a hablar. Cuando le dije que no me gustaba su vestuario, él cual parecía disfraz para la Noche de Brujas, quiso hacer la misma rutina de drama que acostumbraba. Oré en mi mente mientras la veía a los ojos. Después empezó a llorar lamentándose por lo infeliz que se sentía. Le dije que era porque se había alejado de Dios y ella lo reconoció. Me dijo que había perdido totalmente la fe. Que Dios nunca la escuchaba y que ahora ya ni le importaba. Dijo que había hecho varias cosas que sabía que no le gustaban a Dios. Le expliqué que Dios perdona hasta los pecados más negros si de verdad nos arrepentimos de haberlos hecho. Me preguntó a manera de reto si yo la perdonaría también puesto que conoce mi forma de ser. Para mí esa fue la parte más dura de la prueba. Tenía que aprender a perdonar. Con la ayuda de Dios sin alterarme le pregunté cuales eran las cosas que había hecho. Se quitó varias prendas para mostrarme sus tatuajes. Ella esperaba escuchar una serie de regaños y vituperios pero mi reacción fue totalmente opuesta. Le pedí que me acompañara a orar pidiendo perdón a Dios juntas. Tomé aceite para ungirla pero ello lo objetó alegando que le saldría acné. Con aceite en mis manos le tome las suyas y le supliqué a Dios que tuviera misericordia de mi hija y le perdonara. Después de orar por cierto tiempo le solté las manos y seguimos hablando de sus problemas y sus frustraciones. Momentos después empezó a mirarme con una sonrisa burlona mientras se limpiaba el aceite que le había ungido en sus zapatos y en sus brazos. Cada vez que le decía algo me contradecía lo cual me alertó de que debía hacer algo más. Debía reprender ese demonio que la estaba torturando al grado de hacerse daño a ella misma. Me confesó que se cortaba el cuerpo para sentir dolor además de los tatuajes que también son dolorosos. Ungí mis manos con aceite y le ordené a ese espíritu inmundo que se alejara de ella en el nombre de Jesucristo y se fue. Cuando la vi tranquila, le pedí a Dios que enviara ángeles a resguardarla. Después de eso continuamos hablando tranquilamente y cenamos juntas felices y contentas. Esa noche Dios me mostró en un sueño que mi hija era una bebé que había caído al fondo de una alberca cubierta por una toalla de color oscuro. Tuve que buscar minuciosamente entre todas las personas que estaban en el fondo de la alberca para poder encontrar a mi niña que estaba a punto de morir ahogada. La saqué creyéndola muerta pero al sacarla vomito mucha agua y empezó a respirar difícilmente. La envolví con una toalla, la abracé contra mi pecho y me fui en un autobús con ella. Dios me demostró que mi hija estaba a punto de perder su salvación y como su misericordia la trajo a mí para que la rescatara. Cuando se fue de la casa le sugerí que en el camino hablara con Dios y me dijo que lo haría. Dios me preparó para liberar a mis hijos. ¡Aleluya!

## El enemigo no duerme

*14 Y no es maravilla, porque el mismo Satanás se disfraza como ángel de luz.15 Así que, no es extraño si también sus ministros se disfrazan como ministros de justicia. (Efesios 11:14-15)*

El maligno ha tratado de disuadirme usando artimañas religiosas para engañarme pero gracias a mi Dios no he caído. El Espíritu Santo no me ha dejado sola ni un momento. Una tarde me fui a regar los árboles del patio trasero de mi casa. Mientras los regaba me puse a hablar con Dios acerca de mis dudas. Ya había estado leyendo la Biblia por varios meses y no había encontrado nada que me dijera que María la madre Jesús fuera la intermediaria entre nosotros y el Padre. Esa tarde le pedí a Dios que me dijera como debería orar porque yo no quería ofenderlo ni a él ni a la virgen. Esa madrugada algo me despertó cuando el reloj despertador marcaba las 4:44. Me levanté y me senté al borde de mi cama para orar. Minutos después miré a una señora vestida con ropa clara y un manto blanco tapándole la cabeza. Ella venía caminando hacia mí agachadita y el manto le cubría su cabeza. Se paró como a unos seis pies de distancia y desapareció rápido. Inmediatamente después de esa visión recordé que mi mamá nos decía que la virgen María era la intercesora para llegar a Dios. Tan pronto como recordé lo anterior se apareció frente de mí la cara sonriente de una señora bonita como de unos sesenta años. Tenía una cara redondita y unos ojos hermosos y sonrientes. Me hacía señas meneando la cabeza señalando que así efectivamente era. Que ella era la intercesora. Cuando vi a la señora caminando hacia mi agachada me dio a entender que estaba triste u ofendida conmigo por que estaba dudando de ella últimamente. Después que recordé lo que la religión Católica enseña acerca de ella, se puso feliz y me asintió sonriendo, moviendo su cabeza. Todo era un engaño de Satanás.

Todas mis dudas las aclaraba leyendo las sagradas Escrituras. Me quedé acostada pensando en esa aparición y ya no me dormí. Oré y hablé con Dios en silencio para no despertar a mi esposo. Le pregunté si esa era la respuesta a mi pregunta del día anterior. En cuanto amaneció abrí la Biblia sin saber donde buscar y lo primero que vi fue una frase que decía alaba a Dios. La cerré y la volví a abrir varias veces. Cada vez que la abría me decía lo mismo que adorara a Dios solamente. Fue entonces cuando entendí que el demonio quiso engañarme haciéndose pasar por María la madre de Jesucristo. Quería que yo siguiera creyendo que ella era la intermediaria y de esa manera mis oraciones nunca llegaran a Dios. El único intercesor entre nosotros y el Padre celestial es Jesucristo la Biblia lo repite (1 Tim.2:5). Ella no murió por nuestros pecados. La Biblia dice que Jesús es el único que ha resucitado de entre los muertos para darnos salvación (I Corintios 15:23). Incluso María la madre de Jesús lo llamó mi Señor y Salvador. Ella también necesitaba un salvador (Lucas 1:47).

Las Escrituras hablan de dos personas que ascendieron al cielo sin morir y ellos son Enoc y el profeta Elías. Si María hubiera ascendido al cielo como lo dicen ciertas religiones yo creo que estaría escrito en las sagradas Escrituras pero no lo está. Ella fue la Madre de nuestro salvador Jesucristo y sin duda es la mujer más privilegiada del universo. Ella no sólo fue la madre del Salvador del mundo pero también fue la madre de dos apóstoles: Judas y Santiago. Además fue la madre adoptiva del apóstol Juan por orden de Jesús en el momento de su muerte. Tuvo el honor de haber cargado en su vientre al fruto del Espíritu Santo que es nuestro señor Jesucristo y como tal debe ser admirada pero no alabada. Ella dijo que se hiciera la voluntad de Dios y la voluntad de Dios es que sólo a él lo alabemos y punto. Si ella pudiera ver como la alaban a ella y como desobedecemos la voluntad de Dios se sentiría muy triste y sufriría por nuestra culpa. La Biblia dice que en el cielo no habrá más sufrimiento gracias a Dios (Apocalipsis 21:4). Por lo anterior podemos deducir que los muertos no nos miran porque de lo contrario sufrirían mucho de vernos a nosotros sufriendo acá en la tierra. Además en el ejemplo acerca del hombre rico y Lázaro el pordiosero se nos dice que los muertos no pueden volver y que oigamos a los vivos que Dios ha enviado a traernos la verdad.

Con la enorme fe que creció en mí después de la liberación de mi hermano mi vida cambió totalmente. Mi familia de México se sorprendió mucho de mi cambio. Empezaron a burlarse de mí llamándome hermana como lo hacen los cristianos. Pero el Señor Jesucristo nunca me ha dejado sola desde que decidí seguirlo. Desde el principio sentí que me decía que no me preocupara por nada. Seguí leyendo y estudiando las sagradas Escrituras buscando la verdad. Mientras yo seguía aprendiendo cosas que antes nadie me había enseñado en años de ir a la iglesia, el demonio seguía tratando de disuadirme de la verdad. Un día regresé a casa del trabajo y me recosté por un rato pora descansar un poco pues tenía que ir a mi otro trabajo. Me cubrí la cara con los brazos y traté de dormirme pero en cuanto cerré los ojos tuve una visión. Vi entrar un hombre a mi cuarto. Llevaba el cabello largo y tenía barba, se parecía al Jesús que pintan en las imágenes que hay en las iglesias. Se paró junto a mí y me miró por un instante. Yo lo miré también y al verlo mi mente comenzó a repetir amo a Cristo. Al escuchar mi reacción se molestó porque noté como su cara que era hermosa empezó a distorsionarse. Empezó a alargarse, abrió una bocota y luego desapareció. Yo seguí descansando tranquilamente sin darle importancia a esa visión.

En otra ocasión en México ocurrieron cosas extrañas. Fui por unos días a visitar a mi mamá. En la casa de mi madre había imágenes y estatuas de supuestos santos por todos lados. Yo pretendía no verlos para no tener problemas con mi mamá. Al pasar por una imagen grande de la Guadalupana sentí claramente cuando me hacía señas que la volteara a ver. Yo no demostraba ninguna reverencia o interés hacia esos supuestos santos. Ya sabía que los que las tienen están desobedeciendo el primer mandamiento de sólo a Dios amar. Volteé a verla pero no le di importancia y es así como debemos tratar al demonio puesto que no es importante. El ha sido vencido por Jesús al morir en la cruz. Era su intención el seguir haciéndome creer en las imágenes que había en la casa y en las iglesias. Trataba de alejarme de los mandamientos de Dios que ahora he aprendido directamente de la Biblia. El primer mandamiento dice que no tengamos dioses ajenos. Que no nos hagamos ningún tipo de imágenes para adorarlas por que él es fuerte y celoso y castiga la maldad de los padres sobre los hijos hasta la tercera y cuarta generación de los que desobedecen. También dice que hace misericordia a millares a los que lo aman y guardan sus mandamientos (Éxodos 20:3-5).

## La idolatría es culpable de toda la maldad

*Pues habiendo conocido a Dios, no le glorificaron como a Dios, ni le dieron gracias, sino que se envanecieron en sus razonamientos, y su necio corazón fue entenebrecido. Profesando ser sabios, se hicieron necios, y cambiaron la gloria del Dios incorruptible en semejanza de imagen de hombre corruptible, de aves, de cuadrúpedos y de reptiles. Por lo cual también Dios los entregó a la inmundicia, en las concupiscencias de sus corazones, de modo que deshonraron entre sí sus propios cuerpos* (Romanos 1:21-24)

Por la idolatría de nosotros Dios no ha entregado a mentes reprobadas que nos han llevado a incurrir en todos los pecados. El homosexualismo y lesbianismo así como todos los pecados de la carne son resultado de adorar otros dioses e imágenes. Los tumores malignos son también el resultado de la idolatría. Los Filisteos se robaron el Arca del pacto donde moraba la gloria de Dios y la pusieron en el templo de uno de sus dioses. Las Escrituras narran que otro día por la mañana fueron a visitarla y se encontraron la estatua de Dagón su dios en el suelo. Lo levantaron y lo subieron al altar de nuevo. Al siguiente día lo encontraron en el suelo despedazado y la gente empezó a enfermarse de tumores. Miles de personas murieron por tratar de tener a Dios junto a una imagen (1 Samuel 5:1-6). Dios fue bien preciso en sus instrucciones. En los diez mandamientos dijo que no nos hiciéramos otros dioses por que él es muy celoso. Nosotros decimos que lo amamos pero tenemos nuestras casas y nuestras iglesias llenas de ídolos. Dios es como un marido celoso que se encuentra a su mujer con otro hombre en su propia casa. El no comparte su gloria con nadie. Se va de allí y nos abandona para que suframos lejos de él, o nos aflige con dolor para que reaccionemos y lo alabemos sólo a él.

*Capítulo 21*

# Los espíritus religiosos

*Entonces todos los que sabían que sus mujeres habían ofrecido sahumerios á dioses ajenos, y todas las mujeres que estaban presentes, una gran concurrencia, y todo el pueblo que habitaba en tierra de Egipto, en Pathros, respondieron á Jeremías, diciendo: La palabra que nos has hablado en nombre de Jehová, no oímos de ti: Antes pondremos ciertamente por obra toda palabra que ha salido de nuestra boca, para ofrecer sahumerios á la reina del cielo, y derramándole libaciones, como hemos hecho nosotros y nuestros padres, nuestros reyes y nuestros príncipes, en las ciudades de Judá y en las plazas de Jerusalén, y fuimos hartos de pan, y estuvimos alegres, y no vimos mal alguno. (Jeremías 44:15-17)*

Los espíritus engañadores en el mundo se han multiplicado. Uno de los espíritus más difíciles de vencer es el espíritu de la reina del cielo. En el Antiguo Testamento se habla de la reina del cielo y obviamente no era María la madre de Jesús. María no había nacido cuando se escribieron esos pasajes y profecías. Dios nos prohíbe que adoremos a ese espíritu engañador llamado reina del cielo. Ha habido varias mujeres a través de la historia que han sido adoradas por los habitantes de su época. El título de "La Reina del Cielo" se le ha dado a mujeres tales como: Samiramis la esposa y madre de Nimrod. Ella engañó a su esposo con su propio hijo y tuvo un hijo llamado Tammuz. Los caldeos la llamaban esposa y madre del dios sol. De allí viene la imagen de la mujer con su hijo en brazos que en la actualidad es adorada o venerada por miles de católicos en el mundo. Los cananeos alababan a Astoret, diosa de la fertilidad. Más tarde los griegos adoraron a Astarté la diosa representada por la luna. Otras fueron Inanna o Istar, la diosa sumeria de la fertilidad que literalmente significa "Reina del Cielo" y a Diana la cual se menciona en la Biblia (Hechos 19:35). Cuando una desaparecía siempre existía otra que la remplazara. En la actualidad los católicos le llaman a María la madre de Jesús "la reina del cielo". Las sagradas Escrituras jamás la llaman así y además nos advierten en cuanto a su adoración (Jeremías 7:18). Si no existe ningún otro documento o libro inspirado y dictado por el Espíritu Santo ¿de donde se obtuvo esa información? ¿En que se basan para hacer esa proclamación? Esta es una pregunta que todos los que conocemos la doctrina Católica debemos hacernos.

Existen otras doctrinas que difieren también del cristianismo pero por lo menos se adjudican que Dios le habló a algún profeta entre su gente. Que Dios les dio información con la que escribieron su propio libro tal es el caso de los mormones y de los musulmanes. Con esto no quiero decir que ellos están en lo correcto. Solamente hay una verdad y esa es Jesucristo. Los mormones tienen un libro que se llama el libro de mormón. Los seguidores lo presentan como el libro más sagrado del universo e insisten que Jesús vino a América a predicar otro evangelio. Pablo dice que las personas que prediquen un evangelio diferente al de los apóstoles sea maldito (Gálatas 1:6-9). Por su parte los musulmanes también fueron influenciados por un supuesto profeta llamado Mahoma. Ellos también tienen un libro que contradice la doctrina Cristiana llamado el corán. Cada doctrina no importa que tan cerca o lejos esté de la verdad es manipulada por espíritus engañadores. Ellos influencian a los líderes más vulnerables y los usan para alejar a la gente de Dios. Nosotros debemos orar a Dios nuestro Padre que ilumine las mentes de las personas para que todos encuentren la verdad y sean salvos.

## Angeles y demonios

*"El ladrón no viene sino para hurtar y matar y destruir; yo he venido para que tengan vida, y para que la tengan en abundancia".* (Juan 10:10)

Cuando fui a México para ayudar a mi mamá a conseguir el boleto para la vida eterna fui victima de ataques directos por parte del enemigo. El es un ladrón mentiroso que a través de lisonjas engaña a sus victimas y les roba su alma. Trató de matarme pero gracias a Dios nuestro Padre él no tiene potestad para dar ni para quitar la vida. Jesucristo es mucho más poderoso. El mismo demonio tiembla cuando escucha su nombre. Cuando él ve que ya ha perdido la batalla con nosotros aún sigue molestándonos. Entonces se empieza a meter con nuestros hijos, hermanos, esposos, padres y con todas las personas que están más cerca de nosotros. Siempre nos están acusando de atacarlos con lo que decimos. Nos dicen que los juzgamos muy duramente por que no estamos de acuerdo con las maneras del mundo. Las iglesias no son la excepción. Nos hace que peleemos y discutamos causando división y debilitándonos. Nos llaman radicales y raros por tratar de agradar a Cristo. La Biblia dice que las cosas del espíritu son locura para los que viven conforme a la carne (I Corintios 2:14).

Un día mi hijo mayor se enojó conmigo y me dijo que odiaba a mi Dios. Yo quería que se durmiera temprano por que tenía que ir a la escuela otro día. El hizo una rabieta y dijo que se iba quedar despierto en el garaje de la casa hasta que se cansara. Sentí que algo feo le iba a suceder y le rogué que no se fuera al garaje. El me escuchó finalmente y no se fue. Después de un pequeño rato me acosté. Todavía no me dormía cuando sentí que algo cayó suavemente cerca de mis pies sobre la cama. Creí que era la gata de la familia y esperé que caminara hasta mi almohada. Efectivamente lo que cayó en cama si llegó hasta mi almohada y me la movía suavemente tratando de llamar mi atención. Me senté para ver lo que me movía y no vi nada. La gata no estaba y mi esposo que estaba en la misma cama no percibió nada. Unos minutos después escuché un grito que venía de la recamara de mi hijo. Me gritaba que llevara el aceite para que lo ungiera. Estaba siendo atacado por una fuerza helada que no le permitía moverse. Mi esposo escuchó el grito y me dijo que él iba pero yo le dije que me permitiera a mí ir puesto que a mí me llamaba. Cuando llegué a su cuarto lo encontré temblando de miedo. También sentí ese frío que me erizó la piel pero no demostré miedo. Con el poder y la confianza que mi Dios me da reprendí a ese demonio y le ordené que saliera de mi casa. Creo que fue un ángel el que me aviso que algo malo le estaba sucediendo a mi hijo. Mis hijos muchas veces sienten fuerzas extrañas cerca de ellos pero ya no tienen miedo. Saben que no les puede hacer nada mientras ellos sean protegidos por nuestro señor Jesucristo.

Mi hijo menor en dos ocasiones sintió tanta rabia que quiso matar a su hermano y a su padre. La primera vez que tuvimos un estudio bíblico en casa mi hijo se puso como loco. Cuando lo vi quise acercármele pero le tuve miedo. Su cara se veía oscura y desfigurada. El enemigo obviamente no estuvo de acuerdo con la decisión de estudiar la palabra de Dios en su dominio. Mientras ellos discutían y forcejeaban yo junto con unos miembros del grupo orábamos a Dios y se los encomendábamos en el nombre de Jesucristo. También en el nombre de Jesucristo ordenábamos a los demonios que se alejaran de mis hijos. Después de que la tormenta había pasado, mi hijo se me acercó llorando. Me dijo que se sentía avergonzado de haber sentido deseos de matar a su papá y a su hermano. Lo abracé y le dije que no se preocupara que Dios no lo iba a permitir nunca. Mi esposo y mis hijos le pertenecen a Dios de acuerdo con sus promesas. La promesa es para sus hijos y yo soy su hija. El me adoptó cuando me arrepentí y me bauticé. Satanás también quiso evitar la segunda reunión. Dos horas antes del segundo estudio bíblico, me avisaron que mi hija menor tenía el cuerpo cubierto de erupciones rojas que le habían salido de repente. Mi esposo sugirió que canceláramos estudio de esa noche. Yo lo pensé también pues se trataba de mi hija, pero al momento sentí que debíamos tener ese estudio. Le dije a mi esposo que prosiguiéramos con los planes aunque tuviéramos que ir a la sala de emergencias después. A las diez de la noche llevamos a nuestra hija al hospital donde le practicaron exámenes para determinar el problema. Le hicieron varias pruebas pero no encontraron que tuviera alguna reacción alérgica a nada. Las manchas se le quitaron solas. Estos obviamente fueron fuertes ataques a mi familia porque el diablo está muy enojado conmigo. Ahora sé que Dios nos defiende de todos esos ataques para continuar con sus planes. Todos los días pido a nuestro señor Jesucristo que proteja a mi familia y me los cubra con su sangre preciosa. Le suplico que ponga a sus ángeles alrededor de ellos. Cuando veo que se comienzan a pelear rápidamente me pongo a orar. Levanto las manos en señal de súplica a mi Creador y me siento tranquila a esperar. Todas mis batallas se las dejo a Dios porque es su Deseo de que sea así.

El demonio sólo tiene una manera de entrar en nuestras vidas y esa ventana es la mente. El usa todos los canales posibles. Cuando logra penetrar en nuestra mente empieza a confundirnos con ideas negativas. Yo antes comenté que en más de dos ocasiones claramente sentí una fuerza terrible entrando en mí cerebro. Todo desapareció de mi mente y sólo vi una oscuridad total. Sentía una fuerza enorme que me hacía girar el cerebro vertiginosamente mientras una parte dentro de mi repetía sin cesar "amo a Jesucristo". Después de varios intentos de lucha me dejaba en paz porque no podía resistir escucharme decir que amo a Jesucristo. El espíritu de Dios dentro de mí peleó contra el enemigo y no lo dejó entrar en mi mente. El Espíritu Santo siempre está alerta para defendernos de los ataques de los cuales somos victimas. El demonio no siempre trata de meterse a la fuerza como es en mi caso particular. La mayoría de las veces lo hace de una manera sutil. Nos mete dudas acerca de lo que hacemos tratando de agradar a Dios. Hace que seamos humillados para que nos desanimemos. Todo depende de la relación que tengamos con Dios es como él va a lograr su propósito. Jesús dijo que las ovejas escuchan a su pastor (Juan 10, 27-30). Cuando él sabe que ya nos ha perdido se desespera y trata por todos los medios de engañarnos para que retrocedamos. Los envistes se vuelven cada vez peores. Siempre busca nuestras debilidades. Si sabe que somos débiles ante el sexo opuesto se nos pone en el camino con esas cosas que a nosotros tanto nos gustan. Si sabe que somos ambiciosos al dinero nos muestra oportunidades de obtenerlo. Tener dinero no es malo. El problema es que mientras estamos tan ocupados ganándolo nos alejamos de las cosas de Dios. No se puede servir a dos amos al mismo tiempo, o amamos a Dios o al dinero (1Timoteo 6:17). El enemigo nos pondrá un montón de ideas en nuestra mente tratando de confundirnos acerca de los que debemos hacer. Sólo debemos decirle que confiamos en Dios y que vamos a dejar que él nos guíe. Debemos recordarle al maligno que él que está en nosotros es más fuerte y poderoso y él prometió que nos protegería. (1 Juan 4:4).

*Capítulo 22*

# Los dones y los errores

Prepararnos para poder servir a Dios cuesta tiempo, esfuerzo y oración, pero el Señor siempre está con nosotros guiándonos paso a paso. Nos va dando oportunidades de practicar con situaciones y con personas que están más preparadas. De esa manera gradualmente nos va dando mayores responsabilidades. El dijo que busquemos la sabiduría de lo alto. Como lo mencioné anteriormente el Señor tiene un propósito para cada uno de nosotros y él nos lo hará saber a su tiempo. Todos somos llamados para diferentes ministerios y con el paso del tiempo Dios nos revela cual será el nuestro. Una persona me dijo que yo necesitaba hablar en lenguas angelicales, el cual es un don que Dios le da a quien él quiere dárselo. Ella me dijo que si no lo hacía no podría hablar con Dios. Cuando le pedía que orara por mis necesidades ella oraba en lenguas que yo no entendía. Mientras hacía ese tipo de oración ella decía que se comunicaba con Dios directamente y enseguida me decía lo que Dios le contestaba. Yo me emocionaba y quería hablar con ella a menudo. Empecé a llamarla semanalmente aunque las llamadas me salieran caras. Ella vivía en Florida y yo en Los Angeles. Hablábamos por horas porque hablando con ella me sentía cerca de Dios o al menos eso pensaba. También quería hablar como ella porque parecía que solamente así me podría comunicar con Dios y además así me lo hizo saber ella.

Hice una lista de peticiones a Dios y entre ellas le pedí que me diera el don de lenguas. Deseaba hablar con él directamente. Tal fue mi ignorancia que un día decidí imitar lo que ella decía repitiendo esas palabras. Le platiqué a mi esposo y él me regañó por decir cosas que no entendía. Me dijo que podría estar hablando con el demonio, pero a mí no me importó y seguí repitiendo lo que aprendí de aquella señora. Un día mientras lo hacía claramente escuché la voz del Espíritu Santo que me decía que no lo hiciera. Dios me estaban confirmando lo que mi esposo me había dicho y dejé de hacerlo. Además he aprendido de las sagradas Escrituras que Dios nos da los dones que él nos quiere dar. Además la Biblia dice que pidamos a Dios que nos de preferentemente los dones que edifican la iglesia como el don de profecía y exhortación. Todos nos podemos comunicar con él por medió de nuestro Señor Jesucristo que es nuestro intercesor y abogado. Dios entiende nuestro lenguaje. El no nos dará lo que queremos sino lo que necesitamos para servirlo de acuerdo con su propósito para nosotros. Sólo debemos pedirle que nos equipe y transforme para poder servirlo y él lo hará. Algunas doctrinas erróneas enseñan que el don de lenguas es la única señal de que fuimos bautizados por el Espíritu Santo pero la Biblia no dice eso. Este don es solamente una señal pero hay otros dones que sirven como señales y todos ellos vienen del mismo Espíritu. Debido a esa doctrina muchas personas al igual que lo hice yo fingen hablar en lenguas angelicales. El deseo de experimentar la presencia de Dios los hace caer en el engaño. Estas personas al hacerlo se están alejando más de Dios porque podrían estar llamando al mismo enemigo sin saber lo que dicen. Otras personas quieren que la gente piense que son más espirituales y hablan en lenguas públicamente. Debemos tener cuidado de que todo lo que hacemos edifique la iglesia y no convertirnos en piedra de tropiezo. El don de lenguas angelicales sirve para edificar a la persona pero no edifica la iglesia. El que lo tenga deberá usarlo en privado cuando habla con Dios. El apóstol Pablo nos recomienda que no lo usemos en público si no hay alguien que interprete. La interpretación de lenguas es otro don del Espíritu Santo (1 Corintios 14).

## Manifestaciones espirituales

Una persona mientras oraba profetizó acerca de mi vida. Dijo varias cosas que yo no entendí por que no conocía las sagradas Escrituras. Entre las cosas que me dijo fue que iba ser ascendida de posición. Que mi vida iba ser totalmente diferente a partir de entonces. Yo pensé que me iban a ascender en mi trabajo pero jamás imaginé como mi vida podría cambiar drásticamente a mis años. Esto es increíble pero cierto mi vida ahora es completamente diferente de la vida que antes llevaba. Nací de nuevo gracias a las pruebas que pasé las cuales me abrieron los ojos para buscar a Dios. Soy una nueva creatura. Ahora ya no me interesan las fiestas y bailes que antes me encantaban. Mi mayor deseo es conocer más íntimamente a nuestro Padre celestial. Un día antes de bautizarme oré por un rato y le dije que me sentía muy feliz de hacer su voluntad. También le dije que quería sentirlo cerca de mí. Deseaba ver en mi bautismo algo así como lo que sucedió cuando Jesús fue bautizado. Quería ver bajar del cielo una paloma y que se posara en mi hombro. Deseaba escuchar al Padre celestial decirme como le dijo a Jesús públicamente que era su hijo amado. Después de orar un rato abrí mi Biblia al azar para leer algo. Al abrirla lo primero que leí fue un versículo que decía: desde este día me llamarás Padre. Claramente sentí que se estaba dirigiendo a mí y me dio mucho gusto. Me estaba adoptando como su hija con anticipación a mi bautismo que tomaría lugar al siguiente día. Mi adopción fue privadamente pero con poder. Me siento muy orgullosa de tener al Creador del universo por Padre. Dios a menudo nos habla cuando abrimos el sagrado Libro. A pesar de estar tan feliz por que mi Padre se comunica conmigo de esta manera no sé si es correctamente hacerlo. Algunas personas creen que estoy desobedeciendo lo que Jesús dijo cuando el diablo lo persiguió. Escrito está que no tentarás a Dios. Yo creo que tentarlo es tomar veneno o tirarse al vacío sin necesidad para demostrar a la gente los poderes de Dios. El no necesita probarle a nadie que existe, que oye y que contesta. Pidamos sabiduría al Señor antes de hacer algo que lo pueda ofender. Recuerden que el temor de Dios es el principio de la sabiduría.

## La maldad se ha incrementado

*Porque nuestra lucha no es contra sangre y carne, sino contra principados, contra potestades, contra los poderes de este mundo de tinieblas, contra las huestes espirituales de maldad en las regiones celestiales (Efesios 6:12)*

Todos los que decidimos servir a Dios tenemos guerras espirituales. Unos tienen más que otros, pero nadie se escapa. Todo depende de que tan grande sea nuestro esfuerzo para recuperar almas para Dios. A través de las sagradas Escrituras vemos descripciones de fuerzas malignas que influencian la mente y el comportamiento de las personas. A lo largo de la historia de la iglesia Cristiana siempre han existido grandes luchas y controversias. Los misioneros tienen tremendos retos que enfrentar para poder avanzar en sus planes. Los cristianos son perseguidos por el gobierno, las religiones paganas y hasta por las mismas doctrinas que se llaman cristianas. En la actualidad los espíritus religiosos se han multiplicado y han entrado hasta en las iglesias cristianas. En nuestras iglesias hay pastores y líderes que son regidos por las denominaciones y sus estructuras aunque con ellos comprometan su relación con Dios. Quieren agradar a Dios y al mundo a la vez. Las sagradas Escrituras nos advierten que no lo podemos hacer. Los sacerdotes judíos y las autoridades de Jerusalén les prohibían a los apóstoles que enseñaran acerca de Jesús. Pero ellos lo siguieron haciendo como lo dice la siguiente cita: *Pero Pedro y Juan respondieron diciéndoles: –Juzgad si es justo delante de Dios obedecer a vosotros antes que a Dios, porque no podemos dejar de decir lo que hemos visto y oído* (Hechos 5:29) Esto nos indica que estamos cercas de la venida de nuestro Señor Jesucristo. Parece que estamos viendo "la abominación que causa desolación" de la que se habló en el libro de Daniel y en el de Mateo (Daniel 12:11 y Mateo 24:15). En nuestra sociedad vemos a nuestros niños y jóvenes perdidos a causa de diferentes lacras que los arrastran al abismo sin esperanza. La inmoralidad, los vicios, la corrupción, el crimen, los divorcios y las iglesias corrompidas se han incrementado a gran escala. Demás está decir que detrás de todo esto están las fuerzas del maligno. Al pecado hoy en día se le justifica reconociéndolo como una cuestión sociológica que tiene que ver con la herencia y el medio ambiente. Si Dios no lo aprueba se le juzga de caprichoso y rencoroso. Lo que la gente no sabe que todos los males son consecuencia del pecado y Dios no lo trajo sino el diablo.

La guerra espiritual se define como cualquier confrontación que se tenga contra las fuerzas del mal. El apóstol Pedro nos advierte que nos mantengamos alerta y en control propio. Nos dice que nuestro adversario el demonio esta siempre acechando como un león rugiente listo para devorar a su presa (1Pedro 5:8-9) Se resiste al enemigo a través de mantenernos firme en la fe en Dios nuestro Señor. Las sagradas Escrituras nos equipan con las armas para pelear al maligno porque ellas son la espada para defendernos. Jesús ya venció al maligno cuando murió en la cruz del calvario (Colosenses 2: 15). Al demonio le gusta recordarnos nuestro pasado y hacernos sentir culpables, pero nosotros debemos recordarle a él su futuro. Recordarle al enemigo que hay una hoguera ardiendo para él donde será encerrado por la eternidad. Pero para poder enfrentarnos al enemigo debemos mantenernos en continua oración y perfecta obediencia a Dios nuestro Padre. Debemos vestirnos con la armadura completa de Dios (Efesios 6:10-18). Esa armadura está disponible para todo el quiera usarla.

*Estando atestados de toda iniquidad, de fornicación, de malicia, de avaricia, de maldad; llenos de envidia, de homicidios, de contiendas, de engaños, de malignidades; Murmuradores, detractores, aborrecedores de Dios, injuriosos, soberbios, altivos, inventores de males, desobedientes á los padres, Necios, desleales, sin afecto natural, implacables, sin misericordia: (Romanos 1:29-31)*

Esta cita bíblica nos describe exactamente a la sociedad de hoy. Las escuelas están siendo invadidas por todos los espíritus del mal y están destruyendo el futuro del mundo, a los niños. Los niños de diez años en adelante están consumiendo drogas y alcohol las cuales cada vez son más accesibles. El sexo y la pornografía también abundan en los campos educativos. No hay interés por aprender nada nuevo ya que sus mentes son dominadas por las adicciones y hacen lo que sea por conseguir los estupefacientes. Los jóvenes no tienen respeto para ellos ni para nadie. Los padres desesperados buscan ayuda en el mundo secular tratando de encontrar solución a sus problemas. Las escuelas y el gobierno abren programas con el fin de ayudar pero al final no son la solución. Los padres andan desesperados buscando ayuda. Reportan que ya llevaron a sus hijos a consejería con psicólogos pero sus hijos en lugar de mejorar han empeorado. Los inscriben en programas educativos y en deportes pero el problema continúa. Lo triste de todo esto es que la gente no conoce a Dios. La oscuridad en que viven no les permite ver la verdad. Dios está ofreciendo soluciones a los problemas de las escuelas pero la gente no las ve. Los clubes Cristianos existen en la mayoría de las escuelas pero los muchachos los evitan. Yo les hablo a los padres acerca del club Cristiano en la escuela y muchos padres lo rechazan. Otros padres dejan a sus hijos decidir si deben asistir o no. Mientras la gente sigue caminando a oscuras el problema se agrava.

Los demonios siguen poseyendo a la gente como en el tiempo cuando Jesús vivió en la tierra. Leí un libro donde un pastor narraba un hecho que sucedió mientras el estudiaba en el seminario en Los Ángeles. Encontró a una muchacha que tendría quizás unos veinticinco años. Ella estaba muy delgada y todo el tiempo estaba haciendo gestos y moviéndose compulsivamente. Se le acercó para hablar con ella, pero ella lo miró, arrugó su nariz y se volteó para otro lado. Las demás personas en el grupo también trataron de hablar con ella pero ella sólo les gruñó con una voz baja y ronca. El grupo empezó a orar por ella, pero ella los empujó para que se alejaran de ella. Después se agachó y se metió debajo de una mesa. El pastor pidió a tres muchachos de los más fuertes que le ayudaran a sacarla de debajo de la mesa. La sacaron sin mucha dificultad ya que era demasiado delgada. Pero minutos después de que la sacaron ella con una fuerza supernatural los empujó a los cuatro. Los arrojo al suelo mientras se metía de nuevo debajo de la mesa mirándolos y gruñendo con su voz ronca. Cuenta el pastor que les costó varios días de oración y ayuno para liberarla de ese demonio que la estaba aprisionando. Ese día aprendieron mucho. Dios nos provee de oportunidades para crecer espiritualmente si eso es lo que deseamos.

La Biblia dice que sólo los cristianos son hijos de Dios. Se convierten en sus hijos desde el momento en que reciben su Espíritu y son bautizados. (1Juan 5:19). Al ser reconocidos por Dios como sus hijos inmediatamente se convierten en enemigos del diablo. Para poder vencerlo debemos reconocer dos cosas: Nuestra identidad y la identidad del mundo. El demonio gana influencia a través de sus espíritus mentirosos. Ellos esconden la verdad a la gente la cual confunde el bien y el mal. Confundida y engañada por el demonio, la gente se entrega a los placeres del mundo. Caen en hábitos pecaminosos por ejemplo la codicia, la arrogancia, la pereza, la envidia, el egoísmo, la violencia, el hambre de poder, el crimen, la fornicación, las drogas, etc. También hacen grandes estragos usando sistemas y grupos seculares como las instituciones financieras, políticas y sociales los cuales se encargan de alejarnos de Dios. La gente gana una nueva identidad cuando se asocia con Jesucristo. Se convierte en ciudadanos del reino de Dios. Ya no pertenece a este mundo aunque aún vivan en él. Son criaturas nuevas o hijos del Altísimo. Todos los que reciben a Jesús en su corazones y creen en él, Dios les dio el derecho de llamarse sus hijos (Juan 1:12). Dios nos ha dado el derecho o poder para pelear contra las fuerzas del mal a donde quiera que vayamos o estemos.

Mientras no conocemos a Dios el demonio no nos molesta. Cuando imitamos a Jesús con nuestro estilo de vida, la lucha espiritual se incrementa. Las tentaciones se convierten más atractivas para las nuevas criaturas. Los dardos del maligno nos siguen con fuerza a todos lados pero no estamos solos para defendernos.

Dios manda su protección divina para que nos cuide y nos proteja mientras pasamos de bebés espirituales a cristianos maduros. En este proceso podemos ser engañados por espíritus malignos tal fue el caso del apóstol Pedro pero Jesús lo reprende. *Pero volviéndose Él, dijo a Pedro: ¡Quítate de delante de mí, Satanás! Me eres piedra de tropiezo; porque no estás pensando en las cosas de Dios, sino en las de los hombres* (Mat. 16:23). Como cristianos nos vemos involucrados en guerras espirituales todos los días. En esos momentos tenemos que hacer una importante decisión: pelear y ganar esas batallas con la ayuda de Dios o darnos por vencidos. Si decidimos mejor hacernos a un lado estaríamos dejando que se pierdan nuestras familias y amigos junto con nosotros mismos. Sin embargo debemos ser muy astutos al declararle la guerra al enemigo. Para poder hacerlo debemos orar mucho, obedecer a Dios en todo, ayunar y pedir a otros que oren por nosotros para que Dios nos proteja. No debemos temer al demonio pero hay que tomar el conflicto con seriedad. Antes de entablar una guerra espiritual debemos conocer los esquemas del demonio o sea de la manera en que él trabaja. Debemos orar por discernimiento y sabiduría todos los días para darnos cuenta que no nos estamos enfrentando contra carne y sangre sino contra potestades y principados. Mantengámonos alertas con la armadura bien puesta y oremos todos los días, sin cesar para estar preparados para los días malos. La lucha es larga y difícil pero la ganaremos siempre y cuando confiemos en Dios por que él es quien en verdad pelea nuestras batallas.

*Capítulo 23*

# El egoísmo y sus consecuencias

Las sagradas Escrituras nos dicen que la persona que sabe la diferencia entre el bien y el mal y opta por hacer el mal peca (Santiago 4:17). El concepto del pecado encontrado en la Biblia viene directamente del trágico evento en el jardín del Edén. Caín y Abel son las primeras victimas de la desobediencia de sus padres. La serpiente le dijo a Eva que si comía del árbol prohibido sus ojos iban a ser despejados y que ellos serían más inteligentes. El efecto fue completamente opuesto. Al desobedecer la ley de Dios, Adán y Eva fueron trasladados de la luz a la oscuridad. Sus hijos nacieron con egoísmo y otras tendencias negativas. La Biblia dice que Caín no estaba dando lo mejor de su cosecha a Dios. El Señor le advirtió a Caín acerca del pecado que estaba cometiendo y trato de convencerlo de cambiar su actitud. Caín ignorando totalmente las advertencias de Dios nuestro Padre mata a su hermano Abel. A consecuencia de su terrible pecado Caín vaga por el mundo sufriendo alejado de Dios y de su familia por su desobediencia (Gen. 4:1-14). Los siguientes puntos nos ayudaran a entender mejor las consecuencias de la desobediencia a Dios usando el ejemplo específico de Caín y Abel.

### El egoísmo trae amargura

- Dios no apreció el egoísmo de Caín y tampoco valora el de nosotros
- Caín perdió el control de su temperamento y se enfureció
- Dios trató de ayudar pero Caín no escuchó por que su mente estaba obstinada
- La amargura causó que Caín alegara con Dios
- La amargura y frustración causó que Caín matara a Abel.

### Efectos del egoísmo

- La sangre de Abel en la tierra reclama castigo
- La tierra no producirá suficiente fruto para Caín
- Caín será un vagabundo sobre la tierra

### La desobediencia a Dios es pecado

- Toda injusticia es pecado (1 Juan 5:17)
- El que duda la palabra de Dios es condenado por falta de fe (Juan 3:18).
- Todo aquel que practica el pecado inflinge la ley de Dios; pues el pecado es infracción de la ley de Dios (1 Juan 3:4)

## El egoísmo nos aleja de Dios

*Es necesario que El crezca, y que yo disminuya* (Juan 3:30).

La Biblia nos enfatiza la necesidad de deshacernos del egoísmo para poder crecer ante los ojos de Dios. Juan el Bautista buscaba la manera de decrecer para que Jesús creciera. Veamos lo que Jesús dijo de él en la siguiente cita bíblica. *"Les aseguro que entre los mortales no se ha levantado nadie más grande que Juan el Bautista; sin embargo, el más pequeño en el reino de los cielos es más grande que él"* (Mateo 11:11). Desgraciadamente el egoísmo es un sentimiento que traemos arraigado la mayoría de las personas incluyendo a los niños. El egoísmo es el origen de muchos de los actos pecaminosos que existen. Herimos, robamos, maltratamos y desobedecemos porque solamente pensamos en nosotros mismos y no en los demás. El egoísmo y el amor son dos palabras opuestas. El amor sirve de antídoto para curar el mal del egoísmo. Hay una frase conocida que dice que "El amor sólo se satisface cuando hace feliz a la persona que ama." Es por eso que Jesús nos dejó ese gran mandamiento que dice: *"Que os améis los unos a los otros; como yo os he amado"* (Juan 13:34). En otras palabras Dios nos está pidiendo que seamos como él que es todo amor. Quiere que nos santifiquemos como él es santo. El apóstol Pablo nos da unas sugerencias que nos ayudarán a lograr la santificación. Correr para ganar, vivir disciplinadamente, tener un propósito determinado, pelear la batalla con serenidad y ser ejemplo en el servicio a los demás. (1 Corintios 9:24-27).

## El libre albedrío

*"Finalmente, hermanos, piensen en todo lo que es verdadero, en todo lo que merece respeto, en todo lo que es justo y bueno; piensen en todo lo que se reconoce como una virtud, y en todo lo que es agradable y merece ser alabado."* (Filipenses 4:8).

Dios en su infinito amor no podía negarnos nada de lo que él posee. La falta de egoísmo en su pureza lo forzó a dotarnos con el poder de elegir aún sabiendo las consecuencias. La vida o la muerte dependen de la elección que hagamos. Si escogemos el mal tendremos muerte pero si escogemos el bien tendremos vida eterna. Busquemos a Cristo y él nos guiará en esa búsqueda. La gracia y el perdón de Dios lo cambian todo. Nuestros pensamientos y actitudes no nos permiten avanzar por nuestra necedad de seguir haciendo lo mismo. Dios nos ha dado el poder de elegir, el cual es un arma ponderosa que necesita ser dirigido con sabiduría divina. Si la usamos adecuadamente podemos transformar nuestras vidas de manera positiva. Cuando elegimos seguir a Cristo en lugar de angustia y aflicción tendremos paz, gozo y una gran recompensa en el cielo. La elección que hayamos hecho determinará nuestra calidad de vida y la de las personas que dependen de nosotros. Debido a nuestra naturaleza pecadora tenemos la tendencia a seguir los deseos carnales y cometemos errores tremendos. Nuestros errores se convierten en ataduras tanto para nosotros como para nuestros hijos. Nuestras mentes nos inducen a envidiar a otros y a criticarlos. El apóstol Pablo exhortaba a los filipenses a cambiar su forma de pensar como lo podemos ver en la cita de arriba. Esa exhortación es para cada uno de nosotros; para todos los que deseamos agradar a Dios. Al igual que Pablo debemos elegir hacer el bien y sobretodo obedecer a Dios.

*Capítulo 24*

# La oración y la fe

*Entonces los apóstoles le dijeron al Señor: —¡Aumenta nuestra fe! —Si ustedes tuvieran una fe tan pequeña como un grano de mostaza —les respondió el Señor—, podrían decirle a este árbol: "Desarráigate y plántate en el mar", y les obedecería.* (Lucas 17:5-6)

Nuestras oraciones con fe benefician grandemente a otras personas. La oración es efectiva para las personas que tienen fe de que algo va a suceder. A Dios lo mueve la fe del creyente, no sus problemas, ni sus aflicciones. Los milagros ocurren de acuerdo con la fe que tengamos en lo que pedimos. La Biblia esta llena de ejemplos de fe que nosotros debemos imitar. El profeta Elías era un gran hombre que tenía una fe enorme. En Israel había dejado de llover por más de tres años y medio debido a su fe al pedir por eso. La situación económica del país se puso muy crítica. No había agua ni comida pero la gente no pedía cambios. El profeta Elías se cansó de vivir así por lo que le dijo a Acab: "Sube, come y bebe por que una lluvia grande se oye". Las Escrituras dicen que Elías tenía un criado al cual mandó a ver si había indicios de lluvia cerca del océano. "Ve y mira hacia el mar, le ordenó a su criado". El criado fue y miró, y dijo: "No se ve nada". Elías lo dijo basado solamente en su fe por que en cielo no se veía ni una sola nube que indicara probabilidad de lluvia. (1Reyes18:43). Así como Elías que a pesar de no ver ningún indicio de lluvia siguió orando, nosotros también debemos orar por nuestras necesidades sin importar que tan grandes éstas sean. No podemos conformarnos a que nuestros hijos y el resto de la familia se pierdan. Orando por ellos, Dios se va a encargar de transfórmalos, les va a cambiar su carácter y hasta su estilo de vida. Si nos conformamos con lo que tenemos el Señor no va a hacer ningún cambio. Debemos ponernos de rodillas y suplicar al Señor que cambie nuestros problemas en bendiciones. Guiado por su fe Elías le ordena al criado que vuelva a mirar hacia el mar otra vez. Finalmente el criado reporta que en el horizonte ha aparecido una pequeña nube que en poco tiempo trae la tan anhelada lluvia. No nos demos por vencidos, sigamos el ejemplo de Elías.

La fe nos hace creer en lo que no se ve. Dios se comunica con nosotros a través de la oración con fe. La oración es un código para comunicarnos con Dios traducido a todos los idiomas del mundo. El mismo Jesús dice: *"¿Será que cuando yo vuelva hallaré fe en la tierra?* (Lucas 18:8)". La Biblia tiene varios ejemplos donde la fe de las personas traía todo tipo de beneficios. Abrahán antes de subir a la montaña donde se cree que sacrificaría a su propio hijo, le dice al criado que iban a subir su hijo y él para adorar y que regresarían juntos. Estando a punto de dar el golpe mortal a su hijo, Dios manda una oveja para el holocausto y de esa manera Isaac es rescatado. Tenía fe en que Dios los traería juntos de regreso y Dios no le falló como tampoco nos fallará a nosotros si tenemos fe. Otro impresionante ejemplo es el de la mujer que sufría de flujo de sangre o hemorragias. La enfermedad la atormentó por más de doce años. Su salud empeoraba cada día más pero en cambio su fe crecía enormemente. Por esa gran fe que tenía se atrevió a mezclarse con la multitud para acercarse a Jesús. Llegó a Jesús por detrás y le tocó el borde del manto por que sabía que eso era suficiente para ser sana. Como resultado de su acto de fe, la mujer quedó inmediatamente curada de su aflicción. Otro ejemplo es el del centurión que pide a Jesús que sane a uno de sus empleados. Jesús accede a ir hasta el enfermo y se pone en camino pero el centurión le dice que no necesita ir hasta allá. Esta fe sorprendió grandemente a Jesús por lo que dijo que no había visto fe como esa. El empleado sanó estando a distancia de Jesús. Nuestra fe puede lograr maravillas.

Estos ejemplos los he aplicado a mi vida y el Señor ha demostrado ser fiel a su palabra. Yo deseaba con todo mi corazón empezar una congregación con personas dispuestas a servir a Dios con todo su corazón. Una iglesia donde se le adore a Dios en espíritu y en verdad. Deseaba una reproducción de la iglesia primitiva ilustrada en el libro de los hechos. Por un año le pedí a mi Padre celestial que me enviara obreros calificados para empezar esa obra. Un día después de regresar de una misión el Señor me dijo que empezara a hacer zanjas porque ya venía una lluvia de bendiciones. Desde ese día empecé a orar por la lluvia y a comunicarles la visión a mis hermanos en Cristo para que oráramos juntos. El Señor empezó rápidamente a mandar sus obreros equipados y ahora somos una congregación de piedras vivas cuyo único propósito es agradar y servir a Dios. Nos reunimos semanalmente para alabar a Dios y estudiar su Palabra. Guiamos a un club cristiano en nuestro lugar de trabajo. Visitamos enfermos en los hospitales y llevamos comida física y espiritual a los pobres. La gloria es para Dios.

# Conclusión

El sufrimiento nos obliga a buscar a Dios. Debemos aprender a aceptar el dolor y crecer espiritualmente a través de él. El éxito en la vida no está en eludir o huir del dolor, sino en reconocer que fue necesario sufrirlo para poder madurar. El dolor es el precio que se paga para poder disfrutar de algo que de verdad deseamos tener. El mejor ejemplo que tenemos viene de nuestro Señor Jesucristo. Dios nos ama demasiado que dio su propia vida a cambio de tenernos cerca de él. El sufrimiento trae muchos beneficios consigo. Lo que sufrimos en este mundo es pasajero y nos hace muchos más humanos. El mayor beneficio de este sufrimiento es que nos prepara para vivir eternamente en la presencia de Dios.

Comparto estos testimonios con el deseo de que ustedes lleguen a experimentar la presencia de Dios en sus vidas. La vida en este mundo constituye un destino y un punto de partida. La vida es un lugar de emociones encontradas. Es la antesala de un evento. Es el lugar donde se consiguen los boletos de entrada a una cita inimaginable y maravillosa para los seguidores de Cristo. Es la entrada a un lugar totalmente desconocido y terrible para los que no creen en Dios. Nuestra existencia en este planeta es una escuela donde sólo ofrecen dos carreras que nos llevan a nuestro destino final. Si seguimos a Cristo vamos por el camino correcto que nos lleva al paraíso, la vida eterna. Si seguimos al hombre y a las religiones vamos por el camino equivocado que nos lleva al lago de fuego y azufre mejor conocido como el infierno. Jesucristo dijo yo soy el camino, la verdad y la vida, nadie viene al padre si no es por mi. No hay otro nombre dado a los hombres por el cual podamos ser salvos (Juan 14:6, Hechos 4:12).

La palabra dice: *"Dios amó tanto a la gente de este mundo, que me entregó a mí, que soy su único Hijo, para que todo el que crea en mí no muera, sino que tenga vida eterna". Yo he venido para que todos ustedes tengan vida, y para que la vivan plenamente"* (Juan 3:16, 10:10). El Señor está llamando a sus puertas en este momento. Abra su corazón y empiece a experimentar desde aquí en la tierra la paz y el gozo que va más allá de todo entendimiento. El Señor dijo que en el mundo tendríamos tribulación pero que él nos dejaba su paz. La paz permanece con nosotros independientemente de las situaciones que vivamos diariamente si creemos y confiamos en el Señor ciegamente. ¡La decisión es nuestra!

Que el Señor los bendiga siempre

www.ingramcontent.com/pod-product-compliance
Lightning Source LLC
LaVergne TN
LVHW051118080426
835510LV00018B/2110